估值的**标尺**

马喆 / 著

《估值的标尺》是一本立足估值分析的价值投资实战工具书。

股价短期可能是市场随心所欲在出价，但长期一定围绕股票的内在价值上下波动。作者十年磨一剑，通过实践经验，试着用生意的思维方式制作了一把“估值的标尺”，去测算股票的内在价值。本书通过独到的生意思维、逻辑思维、保守主义思维形成科学的价值投资观，结合估值的标尺、定性定量分析和实践案例解析，分享有效的价值投资方法论，剖析人性与投资的联系，希望投资者树立理性、客观的投资态度，帮助投资者在价值投资的路上少走弯路，有所收获。

图书在版编目(CIP)数据

估值的标尺/马喆著.—北京：机械工业出版社，2021.1（2022.8重印）
ISBN 978-7-111-67171-8

Ⅰ.①估… Ⅱ.①马… Ⅲ.①股票价格－研究 Ⅳ.①F830.91

中国版本图书馆CIP数据核字（2020）第263215号

机械工业出版社（北京市百万庄大街22号 邮政编码100037）
策划编辑：李 浩 责任编辑：李 浩
责任校对：李 伟 责任印制：孙 炜
北京联兴盛业印刷股份有限公司印刷
2022年8月第1版第9次印刷
145mm×210mm·9.25印张·3插页·205千字
标准书号：ISBN 978-7-111-67171-8
定价：88.00元

电话服务 网络服务
客服电话：010-88361066 机 工 官 网：www.cmpbook.com
010-88379833 机 工 官 博：weibo.com/cmp1952
010-68326294 金 书 网：www.golden-book.com
封底无防伪标均为盗版 机工教育服务网：www.cmpedu.com

推荐序一

如何能像巴菲特一样长寿

北京金石致远投资管理有限公司CEO　杨天南

蒹葭苍苍，白露为霜；所谓伊人，在水一方。今年农历白露之际，我的伊人是马喆先生的著作——《估值的标尺》。

最初知道马喆是因在网上读了很多他写的投资文章。近些年来，由于投资业绩出众，加之爱写作、爱分享，马喆赢得了很多网络粉丝的喜爱，出版业人士也慕名鼓励他出书。

已是半百之年的马喆，在十年前转行成为专职投资人，他是个性格沉稳而勤于写作的人。由于早年从事手机生意，他处处以一个企业主的角度思考投资问题。

一定有人会说："又是一个来卖书赚钱的。"实际上，马喆先生这本书的部分内容网上可以免费阅读，他也不指望出书赚什么钱，否则早就饿死了。

近年来，业内关于价值投资的书籍如雨后春笋，投资界这种百舸争流的蓬勃很像美国投资界当年的情景，精彩纷呈，这是好事。供给越多，读者选择的余地就越大，这总是要好过没得选择。20 多年前，我所面临的就是没得选择的情况，那时好不容易得到一本书，都会反复阅读很多遍。

实际上，书籍有限一直以来都是读书人面临的困扰。大约百年前，留学归国的大名士陈寅恪前往拜访历史学家夏曾佑，夏先生对他说："你能读外国书，很好，我只能读中国书，都读完了，没得读了。"陈寅恪当时很年轻，以为夏老糊涂了："书怎么能读得完呢。"等自己年老以后，才想起夏老的话有道理："中国的书不过是几十种，真的能读完。"

可见，有书读，也是一种幸福，更何况有些书是多少有些成就的人一辈子或半辈子的体悟与总结。拿到一本书，其中有一页或一句话能启发人生，就已经是值得的了。通常遇见这样写序的邀请，我需要认真看看内容以确定自己是个合适的人选。本书我仔细看了两遍，并做了笔记。这是一本关于价值投资的书，讲的内容当然就像书名一样，拿什么标准去衡量价值。

做投资最怕的是"心中没底"，心中没底的人，眼看着股价越涨越高，便忍不住要去追；眼看着股价跌了又跌，便禁不住要割肉。马喆的这本书就是为了解决心中没底的问题，他用简单的举例法说明自己的看法，比如开一家餐馆，接着分析了不少案例，从万科到茅台，从喜诗到腾讯，从华谊到小米，有些给出了明确的答案，有些留下了开放性端口。

马喆用于评判是否值得投资的一个重要时间量度是“十年回本”，也就是年化 7.18% 的回报率。简单地说，一项投资是否值得，就看能不能十年回本，能够十年之内赚回本金就投，否则就不投。对于利润的评估也不仅仅简单地看报表税后利润，而是“真实净利润”，欲知详情还是看书吧。

成为一个专职的投资人并不像人们想象的那样轻松。“投资者有时候很像茫茫大海中孤帆远航的水手。埋着头送走枯燥的一天又迎来枯燥的一天，没有任何人倾听我们在深夜里的无奈诉说。”马喆在书中回顾了从事专职投资后遭遇的中年危机，尤其是 2013 年创业板烟花灿烂，而蓝筹股成为“烂臭股”的阶段，夜不能寐的焦虑。上有老下有小的马喆深知，人生致命的错误是用错误的方法赚了大钱。思前想后，从定性到定量，马喆没有随波逐流，终于挺过来了。

但是这种“保守主义”的投资方法经常会面临市场的嘲笑，在人心莫测的市场中，经常呈现高的更高、低的更低的情况。对此，马喆以历史事实进行了说明，例如 2007 年高位买入茅台的人需要等待七年才能解套，问题是有几个人愿意等七年、能够等七年呢？同样的情况，可口可乐曾经横亘达十四年之久，十四年没涨，有几个人还会认为这是家好公司呢？

挺过来的马喆获得了“坚持的报偿”，诱人的回报吸引人找上门来希望他帮着管钱，这就涉及了资产管理行业。根据我多年的从业经验，投资成功不等于投资管理成功。

对此，马喆有着清醒的认识，书中“我对资产管理行业的看法”一节，所占篇幅不大，但却最吸引我的目光。

作者在脑海里想象了遭遇大跌时的场景，如果“遇到 2013 年那种难堪的局面，就非常不好办了！我们可能一整天都在接客户的电话，不得不强作镇静去安抚惊慌失措的客户，我们也会因为白天的焦虑而彻夜难眠。没有人知道煎熬何时结束，我们很可能因为客户压力而垮掉。真是疯掉了!”这段描述让我想起了巴菲特当年的同学，钻到桌子下的比尔·鲁安。

要么接受客户的焦虑，要么放弃某些焦虑的客户。马喆明白，必须在这二者间做出选择。他已经在心中做出了选择，2020 年 8 月底，在巴菲特 90 岁生日时，马喆写下对巴老的祝福。巴菲特、芒格以超人的智慧，很久之前就明白了长寿的秘诀，如今，天命之年的马喆也一定明白如何能像巴菲特一样长寿，那就是“和喜欢的一切在一起”。如果芒格要补充的话，一定是：“让自己配得上这一切。”

推荐序二

投资正道上的路标

大华银行（中国）私人银行执行总监、

《寻找穿越牛熊的股市投资策略》作者　黄　凡

初次结识马喆先生源于他的坦诚。记得2017年初，某网红"H教授"发出公开信，称"A股市场低迷的原因是新股发得太多了"。他要求监管层顺应民意暂停IPO。这封公开信的背景就是2015年6月，中小创泡沫的崩溃让A股投资者亏损巨大。"H教授"的这封暂停IPO的公开信获得股票市场投资者的一片赞许。但我和马喆先生当时都认为，"H教授"所谓的"为股民请命"存在逻辑性错误：恰恰是新股发行的IPO管制，导致股票市场长期畸形高估值，这才是熊市漫漫的根本原因。市场化IPO可以为股票市场输入新鲜血液，让市场估值回归到合理水平，让股票市场成为一个正常的市场。我和马喆先生都是说出"皇帝没穿新衣"的诚实小孩。当然，这不为当时的大众所赞赏。

我和马喆先生至今都没有机会见面，但我们常通过微信交流对股票市场和具体公司的看法。我也能从他的微博中读到我喜欢的理性和客观。马喆把自己的投资经验和教训毫无保留地分享给读者。我认为，他的正直、诚实、理性与善良正是一个成功投资人所应具备的特质。马喆在十年前进入中国资本市场，直接就走上了正确的价值投资之路。经过十年艰苦卓绝的不懈探索与心无旁骛的坚持，马喆在很多人认为“不存在价值投资土壤”的 A 股市场中蹚出了一条通往财务自由的价值投资正道。

近日，我非常荣幸获马喆先生邀请为其新书《估值的标尺》作序。我感到喜忧参半。喜则因马喆先生下笔把自己的成功经验与投资者分享，定能影响更多人走上价值投资的正道；忧则是推荐这样一本价值投资的实用工具书让我感到可能心有余而力不足。

个人理解价值投资的精髓在于：“选”好公司，“等”合理价买，坚“守”长期持有。这是我一直认可的“选” “等”“守”三字经。与《估值的标尺》总结出来的“买最好的公司，低估值更可靠，要有足够的耐心，重仓持股，集中投资”五言真经，其实是完全相通的。只是“重仓持股，集中投资”更显马喆的投资功力。

我与许多金融行业科班出身的投资人一样，投资理念深受资本和资产定价模型及马科维茨投资组合理论的影响，选择多元化的配置原则。因而在投资上一直没能做到“重仓持股，集中投资”。通读本书之后，我发现“重仓持股，集中投资”来源于马喆先生的“实业思维”，曾创业并经营手机生意的他是这样理解的：“你在经营一家川菜馆的同时，还会同时经营洗衣房、修车店和保龄球馆吗？谁也没有那么多的精力。生意做得太多，哪个都不一定能干好。其实，每一家实体公司的老板都是在集中投资，他们不过是用一倍市净率买进了自己公司的股票而已。”

我看到，价值投资中始终贯穿的实业思维，是马喆先生投资成功的秘籍。回想起2014年初白酒公司估值最低迷的时候，我也曾有过实业思维的念头。我与一些资深投资人朋友商量，既然某名牌白酒只有几倍市盈率，如果我们可以筹集到足够资金，就可以把整家公司买下来，几年就能收回全部成本，然后就拥有了一个非常棒的生意……但很可惜，我们最后还是没有实现自己的想法。

马喆先生把实业思维贯彻到自己的投资决策中，用生意的思维来看待股票，以合理的价格买进优质公司的股权，集中投资并长期持有。对于初学的价值投资者，投资的难点并不在于如何选择好公司，因为在A股市场，值得长期投资的好公司大家都知道，《估值的标尺》一书也有列举。投资者的难题在于如何评估股票的内在价值，我们确实需要一把“估值的标尺”来解决这个难题。

马喆先生用其独特的实业思维，创新了这把衡量上市公司内在价值的标尺，我理解的这把标尺的工作原理就是用上市公司在未来十年真实的净利润总和来估算今日的内在价值。标尺使用方便、简单、易懂，对于我们看好的优质公司，用标尺一量就知道价格是否合理。我们都知道，进入菜市场的精明买家手里往往持有一把微型电子秤来避免遭受缺斤少两的欺诈。作为聪明的投资者，持有这把“估值的标尺”进入股市，就能避免被忽悠。

对于在A股市场长期“奋战”的广大投资者，在漫长熊市中如羔羊般茫然无助，好不容易盼来了久违的牛市，许多人已是身心疲惫。投资者每天忙着关注宏观经济数据，关注隔夜美股走势，钻研上市公司K线走势，忙碌到没有一分钟空闲，所有人都是为了实现投资回报率的最大化。然而，在贪婪与恐惧之间，计划好的“低买高卖”往往变成“高买低卖”，预定的回报率设想根本无法实现。坚持价值投资的投资者在股票市场根本不需要如此疲惫和焦虑。我想，《估值的标尺》一书可以为价值投资者穿越牛熊提供一些帮助。

我很愿意把《估值的标尺》一书看作是价值投资求索之路上的一个路标。马喆先生把自己的十年投资故事和成功经验毫无保留地分享，配以海量的实际案例分析，把自己创造出来的独门法宝“估值的标尺”授予每一位读者。其目的是希望读者建立正确的投资理念，在股票市场的风霜雨雪中少走弯路，避免不必要的损失。

建议 A 股的价值投资者，无论是科班出身的金融人，还是武功高强的三山五岳英雄豪杰，带上《估值的标尺》，然后沿着书中给我们展示的路标走上投资的正道。

前　言

2020 年 5 月 22 日，机械工业出版社的李浩编辑与我取得了联系。他建议我可以考虑写一本关于股票投资的书。我之前确实没有写书的计划，一来写书是一项非常辛苦的工作，很耗费精力和时间，二来我并没有自信到认为自己现在就具备写一本书的能力。我是个很有自知之明的人，但我竟然第一时间就被李浩编辑的建议吸引了，我们很快签下了本书的出版合同。这个世界上，很多事情都是偶然间发生的，但又发生得那么自然而然。

十年前的 2010 年，我像 19 世纪西进的美国人一样，卖掉了自己在东部的农场，带上一家老小和全部的积蓄，套上装满行李的马车，满怀希望地踏上了西进的旅途。我自认为刚刚拿到了一张沃伦·巴菲特刻画的地图，上面写着在股票市场赚钱的密码，有我和家人未来生活的全部希望。2010 年，我只是一个在手机生意里苦苦挣扎了六年的企业主，我并不了解股票市场，但我知道，自己的手机公司是没有未来的，我的人生必须做出改变。面对未知的投资世界，我内心忐忑，但又充满了渴望。

一路走来，我领略了股票市场的反复无常和惊涛骇浪，更见识了人性中让人瞠目结舌的贪婪和恐惧。前进的路上充满了诱惑，更布满了凶险的陷阱，如果没有坚定的信念，我可能早就被股票市场吞没。多少个夜晚，我彻夜难眠，一个人迎着寒风，手里拿着沃伦·巴菲特的地图，孤独地守护着自己的股票。经历的旅程中，2013 年的那一段尤为煎熬，竟然让我身心疲惫，以至于感到难以继续坚持。但父母遗传的坚韧基因和沃伦·巴菲特刻画的地图引领我努力地避开一个又一个陷阱，蹒跚前行，直至走完了第一段的十年投资旅程。

从进入股票市场的第一天，我就好像与这个市场格格不入。我酷爱阅读历史书籍，喜欢从历史演化的角度思考股票投资。在人类漫长的历史进程中，包括短视、逐利、贪婪、从众等在内的人性基因从未改变过。但人类是一个非常聪明的物种，总会在历经了挫折后做出对自身生存最有利的选择。人类作为一个整体，短期常常会非理性，但长期总是理性的。不然，我们这个物种根本无法生存到今天。

第一次世界大战后，德国人情绪化地选择疯狂的希特勒去领导国家，心怀怨恨的德意志把整个世界拖入深渊，也把人类短期的非理性特征体现得淋漓尽致。但更多的国家团结起来，组成反法西斯同盟，整个人类社会根本不会允许希特勒和纳粹德国去统治世界。

正是因为人类的长期理性，法国和德国在第二次世界大战后才能彻底和解；正是因为人类的长期理性，肯尼迪和赫鲁晓夫才不会在古巴导弹危机的午夜按下毁灭人类的核按钮；正是因为人类的长期理性，聪明的中国人才能在伟大的邓小平领导下勇敢地拥抱市场经济。

沃伦·巴菲特用了50年时间通过伯克希尔·哈撒韦取得的巨大成就，证明了人类这种理性在股票市场是存在的。相信股票市场的长期理性是我在股票市场生存的根本所在。我的思维模型是逻辑思维、长期思维、生意思维、风险思维和常识思维，每个维度都与投机者根本不同。在投机者眼中，他们相信“存在即合理”。在无知和贪婪的驱使下，投机者会不择手段，不问逻辑地追逐利益，并且一步一步把自己带入绝境。投机者从不相信这个世界是有逻辑的，他们只在意眼前股价的结果。正是因为相信这个世界是有逻辑的，我才能在别人贪婪时保持冷静，在别人落荒而逃时出门寻找投资机会。

《估值的标尺》很像一本投资日志，记录了沿途的故事和我本人的所思所想。我没有把《估值的标尺》写成一本股票投资教科书，没有用过多笔墨去解读财务报表，也没有去剖析商业模式的不同特征。股票市场是由千千万万“不明白股票是什么、不懂估值、情绪不稳定”的投资者组成的，因而常显得杂乱无章，令人难以捉摸。我试着在沃伦·巴菲特路线图的基础上，通过《估值的标尺》一书为看似全无逻辑的股票投资整理出逻辑来，为在股票市场黑夜中摸索前行的人们照出一丝微弱的光亮。我理解的投资逻辑包括在本书的三个章节中，分别是："逻辑思维""定量分析与定性分析"和"保守主义投资思维"。

我本就不是一个内心贪婪的人，经过了七年手机生意的磨炼，更明白生活的艰难和赚钱的不易。看到投机者赚得盆满钵满时，虽也会感到不舒适，但我从来没有被股票市场的非理性诱惑，无论是 2013 年、2015 年还是 2020 年。我希望《估值的标尺》带给读者们不同的投资视角。

在我眼里，股票投资的核心是内在价值而非股价。股票不是一张被炒来炒去的纸片，也不是交易所分配的一个代码。每一只股票背后都有一家实实在在的公司，而这家公司的内在价值是由其持续的盈利能力和可以清算的账面资产决定。股价短期可能是市场随心所欲的出价，但长期一定围绕股票的内在价值上下波动。我试着用生意的思维方式制作了一把"估值的标尺"，去测算股票的内在价值。这把"估值的标尺"与股票市场的静态市盈率估值、PEG 估值、自由现金流贴现估值方法不太一样，我用了整整一章的内容去介绍它。

在我写前言的 2020 年 7 月，A 股市场又开始了一轮非理性繁荣。老谭这样取笑我："刚看到估值的标尺时，感觉如获至宝，因为以前都是拍着脑袋买股票。等学会使用估值的标尺，发现还不如像以前一样拍脑袋。"在股票投资者眼中，估值的标尺在牛市飞涨的股价面前是失效的。我觉得人们应该是误解了“估值的标尺”，它是测量股票内在价值而非测量股价的物理标尺。股价夹杂了市场情绪，难以预料，我怎么会愚蠢到制作一把标尺去测量别人的情绪呢？

本杰明·格雷厄姆把沃伦·巴菲特带进了投资的圣殿。而沃伦·巴菲特和查理·芒格则让我在迷茫的人生中找到了方向。我竟然真的只用了短短五分钟就接受了沃伦·巴菲特的投资理念。按照奥马哈先知指引的路线图，我让家人过上了相对舒适的生活，让自己有了选择生活方式的权利，和喜欢的人在一起，做喜欢的事情。我知道，没有几个人有我这样的幸运。我很愿意把沃伦·巴菲特和查理·芒格带给我的幸运通过这本书传递给更多人。让我们快点翻开《估值的标尺》去看一看吧！

马　喆

2020 年 7 月

北京

免责声明：

本书案例中的具体公司分析完全是出于论述投资体系的需要。在任何情况下，本书文章中的信息和所表达的意见不构成对任何人的投资建议。笔者不推荐股票，买卖股票的风险由读者个人承担。

目　录

|第三章|保守主义投资思维|

|第四章|估值的标尺|

|第七章|伟大的人性博弈|

|附　录|

|致　谢|

第一章

投资就是生意

第一节　川菜馆估值的案例

我 10 年前就听过炒股多年老股民的经验之谈："炒股可千万别炒成股东啊！"在投机者眼中，股票真的就像一张自己可以随心所欲炒来炒去的纸片。在千千万万市场摩擦交易制造者的共振下，资本市场有时候像一个巨大的赌场。人们想当然地认为，股票市场可以让自己快速地发大财。但在我看来，股票真的不是纸片，资本市场也不是赌场。

我很喜欢用川菜馆的案例去举例，来说明投资到底是什么。

如果您想盘下楼下老王经营了多年的川菜馆，不可能由着老王漫天要价。您一定会仔细问几个问题：

1. 这家川菜馆去年赚了多少钱？前年又是多少？

2. 这家川菜馆账面上可以清算的资产是多少？其中现金余额是多少？桌子椅子又被记账成多少钱？

老王可能会这样告诉您："我这家川菜馆经营多年了，回头客很多，股东回报也很稳定。我们去年赚了 51 万元，前年赚了 49 万元，最近五年平均每年净利润为 50 万元。属于这家川菜馆股东的账面资产最新余额为 500 万元，其中有 100 万元的现金、200 万元的设备，剩下的 200 万元是房租和装修费的摊销。"老王认为这家川菜馆的合理估值应该不低于 500 万元。

好了，我想您已经很清楚这家川菜馆的基本财务状况了。您向老王开出了一个有利于自己的买价，您可能这样说："看看，您这家川菜馆的回报率只有 10%，那些房租和装修费实际早已经花掉了，桌子椅子也需要折旧，我只能出 300 万元的买价盘下这家川菜馆。”

购买这家川菜馆时，您是如此精明，如此理性。但是这家账面资产为 500 万元、平均年回报为 50 万元的川菜馆如果被拆分成 100 万份，并且每份股票实时都可以买卖交易。所有人马上就失去了买卖生意的精明和理性。川菜馆每份股票的价格很可能会被荒唐地炒到 20 ~ 30 元，甚至更高。人们痴狂地坐在电脑前，津津有味地说着梦话：“昨天某某大明星来到我们的川菜馆用餐，今天开盘股价看涨啊！”“看看，昨天国家统计局的宏观数据多棒，一定利好消费板块！”“K 线图已经出现了金叉，那就是最佳买点！”

我真的无法理解人们的癫狂，川菜馆还是那家川菜馆，把它看成一个整体，合理的市场估值是 500 万元，拆成 100 万份后，每份 5 元，整体市值还是 500 万元啊！本来很简单的事情竟然变得如此复杂？

第二节 巴菲特对投资的定义

金融行业的可悲就在于把简单的生意想复杂了，巴菲特的伟大就在于把简单的事情做伟大了。

6 岁时，小巴菲特就从祖父的杂货店买上几包各种牌子的口香糖，然后逐门逐户地向邻居们推销。每卖一包口香糖，他能赚到 2 美分。小小的巴菲特用手拿着这些赚来的钱，心里无比满足，那就是未来伯克希尔·哈撒韦财富大雪球的最初几片雪花。

巴菲特早在幼年时就明白了生意是什么，童年时期卖可口可乐和口香糖，少年时期经营弹珠球和送报生意，深深地影响了巴菲特对股票的理解。他内心深处一直把投资看成生意。

对于什么是投资，沃伦·巴菲特给出了这样的定义："投资即现在先投入一笔钱，在未来某个时间再拿回一笔更多的钱，拿回这笔钱要先扣除这个时期的通货膨胀。"

巴菲特所指的拿回一笔更多的钱是指从企业未来的净利润里获得，而不是来自别人的口袋。**巴菲特要的是净利润不是市盈率。**我们看一个案例。

1986 年伯克希尔·哈撒韦用 3.15 亿美元收购了世界大百科全书和柯比吸尘器的生产商史考特飞兹（Scott Fetzer）。巴菲特根本没打算五年后用 6.3 亿美元卖掉公司，更不在意别人对史考特飞兹的估值是多少。他只在意这家公司能真正为伯克希尔赚多少净利润。让我们看看巴菲特想要的东西吧。

史考特飞兹在 1986—1995 年共计为伯克希尔·哈撒韦贡献了 5.53 亿美元的税后净利润（见表 1-1）。我认为史考特飞兹在 1986 年初的合理内在价值就应该是 5.53 亿美元。聪明的巴菲特仅用了 3.15 亿美元就买下了整个生意，那相当于这家公司内在价值的 57%。伯克希尔·哈撒韦用了不到七年的时间（前七年的税后净利润总和为 3.6 亿美元）就通过史考特飞兹贡献的税后净利润收回了全部 3.15 亿美元的买入成本。巴菲特买入史考特飞兹的股票完全是基于生意的思考，他并不在意别人为史考特飞兹出的市盈率是 20 倍还是 40 倍。准确地说，巴菲特根本不需要别人为史考特飞兹报价。

表 1-1　1986—1995 年史考特飞兹利润数据

（单位：亿美元）

年　份	税前利润	税后利润
1986 年	0.6755	0.3553
1987 年	0.7874	0.4558
1988 年	0.8332	0.5350
1989 年	0.8486	0.5317
1990 年	0.8972	0.5649
1991 年	0.8433	0.5394
1992 年	0.9665	0.6218
1993 年	0.9726	0.6240
1994 年	1.0645	0.6990
1995 年	0.9310	0.6030
总计	8.82	5.53

数据来源：巴菲特致股东的信。

第三节　苹果代理商的故事

2009 年的一天，我和 W 总坐在中关村的上岛咖啡。W 总兴奋地对我说：“我要开始第二次创业了，我的公司将成为苹果（中国）的一级代理商，我代理的可是最畅销的 iPhone 手机啊！”我当时这样问他：“W 总，既然你这么看好 iPhone 手机，为什么不换个思维方式，你完全可以买进苹果公司的股票啊！”记得当时 W 总对我的建议不置可否。我想在他的眼里，股票一定是

“今天涨明天跌且飘忽不定的纸片”。我了解 W 总，他是个好人，但控制欲比较强，他喜欢自己能够把控的生意。

十多年的时间过去了，W 总的事业发展得非常顺利，他的公司已经成为苹果（中国）销售量排名前五位的渠道代理商。W 总应该赚了不少钱。我相信他一定对自己的事业感到非常满意。手机行业有哪家渠道公司不羡慕代理 iPhone 手机的 W 总呢？但 W 总如果知道了苹果股票同期的回报情况，可能心情会受到一些打击。W 总的公司不是上市公司，我无法知道 W 总这十年间到底赚了多少钱。但我知道 2009 年买进苹果公司的股票能赚多少钱。

2009 年苹果公司的股价最低为 78.2 美元，2019 年 12 月 31 日收盘于 293.65 美元（2020 年，苹果股价突破 500 美元），但那是股份 1 拆 7 后的价格。如果 W 总在 2009 年低点选择直接买进苹果公司股票而不是成为苹果（中国）的代理商，2009 年投入 5 亿元人民币到 2019 年末已经变成 131 亿元，这还没有计算苹果公司的现金分红。为什么会是这样的结果呢？

在 W 总眼里像一张小纸片一样的苹果公司股票其实是一个近乎完美的生意。根据最新年报数据，苹果公司在 2015—2019 年这五年平均毛利率高达 38.75%，平均税后净利润率为 21.76%（见表 1-2）。而苹果（中国）为代理商留下的毛利率仅有 9%~11%。W 总的毛利率仅相当于苹果公司税后净利润率的一半。和 W 总公司一样是苹果（中国）iPhone 手机渠道代理商的酷动数码公司，是深圳爱施德股份有限公司的全资子公司，我们可以从上市公司爱施德的年报中了解苹果代理商的一些财务数据（见表 1-3）。

表 1-2　苹果公司 2015—2019 年数据

	2015 年	2016 年	2017 年	2018 年	2019 年	五年平均值
毛利率	40.06%	39.08%	38.47%	38.34%	37.82%	38.75%
净利润率	22.85%	21.19%	21.09%	22.41%	21.24%	21.76%

数据来源：苹果公司年报。

表 1-3　酷动数码 2015—2019 年数据

（单位：亿元）

	2015 年	2016 年	2017 年	2018 年	2019 年	五年平均值
营业收入	20.11	17.80	15.73	14.97	17.89	17.3
净利润	0.1090	0.1073	0.3194	0.0990	0.3502	0.1970
净利润率	0.54%	0.60%	2.03%	0.66%	1.96%	1.14%

数据来源：深圳爱施德股份有限公司年报。

W 总把做苹果代理商当成了生意，没把苹果公司的股票当成生意，其实苹果公司的股票就是最好的生意啊！W 总过高地估计自己把控一切的能力。他可能认为，自己可以每天早上七点钟就来到办公室，还可以把业务会议开到天黑。他一定希望通过自己的勤奋和敬业提升净利润率。但 W 总没搞清楚，他不可能突破苹果公司给代理商设定的毛利率上限，更不可能压缩掉根本无法压缩的刚性费用。看看酷动数码可怜的税后净利润率吧，有哪个厂商愿意把自己应该赚的钱让给代理渠道呢？

第四节　企业主精神

人们常常把投资分成“价值投资”和“趋势投机”，还有一些聪明的家伙把自己称为“价值投机”。其实根本没有价值投资或者其他什么投资，只有投资和投机之分。**所有基于生意本身思考的是投资，否则就是投机。**我有一个论断：**“每一家实体公司的老板都是用一倍市净率买进了自己公司的股票，持有10年、20年，乃至一生。”**他们和二级市场买入股票的投资者没有任何本质的不同。

股票就是生意，股票市场的投资者和投机者有着本质的不同。那些投机者并没有为这个国家多做些什么。而真正投资者的身上流淌着“企业主精神”的血液。他们为国家纳税，为社会解决就业问题，他们自己承担了生意的全部风险，为时代创造财富和新的机会。股票市场的真正投资者和实体公司的企业主完完全全是一类人，他们是社会经济繁荣的支柱！

第五节　我的第一次打卡：买入万科的故事

我在2009年末和2010年初买进了万科A，那是我投资生涯的第一次打卡。我完全把万科的股票当成了我的下一个生意，因为我本身就是一个生意人！我在2010年之前已经经营了六年的手机渠道公司。作为公司最大的投资人和老板，我常常因为生意的艰难而彻夜难眠。我知道自己那间小公司应该是没有未来的。为了家人的幸福我必须寻找新的赚钱机会。但我真的不知道属于我的未来在哪里？

应该是2008年，我在首都机场的书店里偶然间发现了一本关于沃伦·巴菲特的书，那是玛丽·巴菲特和大卫·克拉克合著的《巴菲特法则》。斯泰芬·胡佛认为：“这绝对是史上关于巴菲特投资技巧最好的书。”我现在肯定不能同意斯泰芬·胡佛的说法。《穷查理宝典》和《巴菲特致股东的信》才是投资界的圣经。但在

2008年，我并不知道《穷查理宝典》，也没有听说过查理·芒格。

对我而言，《巴菲特法则》在当时就是我读过最好的投资书籍，它改变了我对股票的认知，进一步改变了我的人生轨迹。在此之前，我曾不屑地认为那些股票不过是投机者反复交易的筹码而已。《巴菲特法则》通俗易懂，是我在黑夜中求索的密码。似乎只用了5分钟，我就理解了“投资就是生意”——我完全可以把做手机生意的资金收回来，通过在二级市场买进更优质生意的股票来赚钱。那就让我们开始行动吧！

炒股多年的刘哥听说我买进了万科的股票，他好心地规劝我：“你怎么能买进万科这样的大盘股呢？股价不可能上去，如果盘子这么大的股票上涨，那指数还不上天了？”刘哥还告诫我：“我建议你必须学习一些技术图形，一定要记住：在股票市场中懂技术不是万能的，但不懂技术是万万不能的。”

我当时没有去和刘哥学习炒股技术，甚至直到现在也不会看投机者们的K线图。我一直认为，投机者口中的60天均线或者120天均线不过是占卜者的心理安慰而已。但我知道，刘哥真心为我好。只是他并不了解我在想什么。我并没有把万科看成股票代码，那不过是比我的手机生意风险更小、回报率更高的生意。

不是这样吗？我自己的公司是几家移动电话生产商在辽宁省的代理。谁都知道，我们公司肯定没有爱施德公司和天音控股更具竞争力，因为它们是规模更大的全国渠道商。无论是资金规模、人力资源，还是运营商和大型零售店客户关系，我们的公司和爱施德公司、天音控股完全无法竞争。《巴菲特法则》告诉我：买进天音控股的股票应该比坚持我们的生意结果会更好。

但我不会买入大型手机渠道商的股票，因为还有更好的生意。我知道："房子比手机更好卖!"我记得当时自己这样跟刘哥说："我为什么买进万科呢？因为房子稍微一降价就有人抢购，看看我们公司滞销型号的手机，都降价一半了，还是卖不动。"刘哥在2009年问过我："你不担心政策对房地产的调控吗？"我说："从我们手机生意的规律看，在行业非常繁荣的时期，大公司和小公司都会赚很多钱。但当行业有一些压力时，我们小公司可能就很麻烦了，但大公司的生意反而会更好。所以我一定要买进中国最好的大型房地产公司股票。"于是，我选择了万科。

2010年初买入万科后，我持有了6年，在宝能介入万科的2015年卖出了股票。买入万科的综合成本是8.74元，卖出均价没有仔细计算过，但应该超过了18元。如果加上2010—2014年万科合计每股税前分红1.39元，每股应该盈利接近11元。这意味着我在万科这笔生意中，6年的复利收益率在14%左右。我做手机生意可是赚不了这么多钱啊!

如表1-4所示，2009—2015年，万科每股收益7年合计为7.6元。再考虑万科每股预收款从2009年末的2.89元提升至2015年末的19.24元，每股预收款增加16.35元。如果按净利润率9%估算，6年间预收款隐含的每股收益为1.47元。也就是说，万科这家公司7年总共为上市公司股东创造了每股9.07元的税后总利润。这就是我投资6年赚钱的根本原因。

表1-4　万科2009—2015年财务数据

（单位：元）

	2009年	2010年	2011年	2012年	2013年	2014年	2015年
每股净资产	3.4	4.02	4.82	5.80	6.98	7.99	9.07
每股收益	0.48	0.66	0.88	1.14	1.37	1.43	1.64

（续）

	2009 年	2010 年	2011 年	2012 年	2013 年	2014 年	2015 年
每股预收款	2.89	6.77	10.1	10.92	14.12	16.47	19.24
每股分红	0.07	0.1	0.13	0.18	0.41	0.5	0.72
营业收入	488.81 亿	507.14 亿	717.83 亿	1031.16 亿	1354.19 亿	1463.88 亿	1955.49 亿
销售金额	634.2 亿	1081.6 亿	1215.4 亿	1412.3 亿	1709.4 亿	2151.3 亿	2614.7 亿
盈利能力	61.70 亿	134.11 亿	145.46 亿	149.76 亿	178.54 亿	185.66 亿	209.80 亿
纳税金额	57.9 亿	87.25 亿	119.85 亿	163.24 亿	175.38 亿	191.32 亿	258.33 亿
年末净资产	404.68 亿	534.59 亿	662.64 亿	777.20 亿	931.39 亿	1038.50 亿	1172.45 亿
行业规模	4.40 万亿	5.25 万亿	5.91 万亿	6.45 万亿	8.14 万亿	7.63 万亿	8.73 万亿
市场占有率	1.44%	2.06%	2.06%	2.19%	2.10%	2.82%	3.00%

数据来源：巨潮资讯网万科年报。

注：盈利能力和净资产考虑了预收款贴现。

第六节　巴菲特的好生意：喜诗糖果

什么是好生意呢？我会本能地问自己三个问题：

1. 投入多少？

2. 产出多大？

3. 风险多高？

那些投入少、产出高、风险低的生意自然是不错的生意。我在东北做手机生意时，曾苦恼于批发业务毛利率太低。销量不错的机型以走量为主，毛利率一般在 2% ~4%，不太畅销的机型毛利率会高一些，大概在 6% ~7%。公司曾试图在沈阳各大商场设立直销柜台开展零售业务，但这个想法还是被我放弃了，因为投入太大。

我们公司需要事先向商场方缴纳巨额的进店费和质保金，虽然零售毛利率在扣除给商场返点后最高可以提升至10%～12%，但我们必须接受商场手机铺货代销的政策。这意味着手机必须卖掉后才能进入结账程序。一般结账周期是每月固定日期结算上个月卖掉的手机。实际回款周期应该超过50天。公司还需要自己招聘很多促销员，并且设立市场经理和市场督导岗位去管理和培训促销员团队。手机机型在商场销量足够大，才能覆盖如上诸多费用支出。但销量越大，意味着商场占押我们的货款越多，想想都让人不舒服。我可不愿意天天堆着笑脸去追着商场的领导们讨要货款，我更不愿意让我的资金陷入这样被动的生意中。

喜诗糖果是巴菲特眼中典型的好生意。投入少、产出大、风险低。1972年的一天，巴菲特接到蓝带印花公司总裁比尔·拉姆齐的电话，得知加州的喜诗糖果公司正在寻找买家。这家糖果公司创建于50年前的1921年，喜诗糖果因重视品质在加利福尼亚州拥有强大的品牌影响力。喜诗糖果由拉里·西伊和哈里·西伊兄弟拥有，主要由哥哥拉里来经营。1972年拉里不幸去世后，只喜欢美酒和美女的哈里无心继续经营企业，于是他决定卖掉喜诗糖果，那真是上帝送给伯克希尔·哈撒韦的礼物。

如表1-5所示，我们可以清晰地看出，喜诗糖果销售总量从1972年的1695.4万磅增长至1983年的2465.1万磅，复合增长率只有3.46%。如果剔除店面数量扩张因素，可以看出，整个糖果行业还是赚钱比较艰难的行业。1972年，喜诗糖果拥有167家零售店，平均单店销量为10.15万磅。1983年喜诗糖果的零售店面增至207家，平均单店销量为11.91万磅，仅比11年前增长17.34%。

表 1-5　喜诗糖果 1972—1983 年数据

年份		销售额 （千美元）	净利润 （千美元）	销售量 （千磅）	每磅单价 （美元）
1972 年		31337	2083	16954	1.85
1973 年		35050	1940	17813	1.97
1974 年		41248	3021	17883	2.31
1975 年		50492	5132	19134	2.64
1976 年	53 周	56333	5569	20553	2.74
1977 年		62886	6154	20921	3.01
1978 年		73653	6178	22407	3.29
1979 年		87314	6330	23985	3.64
1980 年		97715	7547	24065	4.06
1981 年		112578	10779	24052	4.68
1982 年		123662	11875	24216	5.11
1983 年	53 周	133531	13699	24651	5.42
复合增长		14.09%	18.68%	3.46%	10.27%

数据来源：1983 年巴菲特致股东的信。

但不同于整个糖果行业，喜诗糖果不惜采用上等的黄油、奶酪、巧克力、水果和坚果等原材料，虽然成本会大大超过同行，但长期坚持一流的品质让喜诗糖果在消费者心中拥有了一流的品牌定位。这就让喜诗糖果具备了其他糖果企业所没有的提价能力。

1972—1983 年，喜诗糖果将每磅销售单价从 1.85 美元上调至 5.42 美元，产品年复合提价率为 10.27%。我们注意到，喜诗糖果年年提价，但销量几乎不受影响。巴菲特解释了其中的原因："哪个女孩也不愿意在情人节那天收到廉价的巧克力。我们的糖果为消费者所热爱，他们愿意花上 2～3 倍的价格来享受那令人陶醉的口味。”销量增长和销售单价的提升让喜诗糖果在1972—1983年的销售额复合增长了14.09%。进一步压缩行政费用和提高运营效率又让喜诗糖果的税后净利润从1972年的208.3万美元增长至1983年的1369.9万美元。税后净利润的复合增长率高达18.68%。

我想，在沃伦·巴菲特和查理·芒格买下喜诗糖果的前12年里，他们常常会因为想到喜诗巧克力的味道而美美入睡。那真是一个近乎完美的生意。

喜诗糖果带给伯克希尔·哈撒韦的惊喜在1983年以后还在不断延续着。2007年，巴菲特在致股东的信中再次提到这家公司。1972年，喜诗糖果的总销售额为3133.7万美元，税前利润接近500万美元，运营资金为800万美元。2007年，喜诗糖果的总销售额增长到3.83亿美元，税前利润为8200万美元，运营资金为4000万美元。1972—2007年，喜诗糖果为伯克希尔·哈撒韦公司创造了总计13.5亿美元的税前利润，而所需要的营运资产投入只增加了3200万美元。

我在加州旅游时，会因为看到高速公路旁边的喜诗糖果的标志感到心情愉悦。我能想象到人们想到喜诗巧克力口味流口水的样子，也能想象出年轻情侣收到喜诗糖果后那种像丘比特之箭射入心间的甜蜜，喜诗糖果在情人节那天就是爱情的信物。这家公司因为强大的客户黏性而拥有宽广的品牌护城河，销售额和利润也因此不断稳定增长。喜诗糖果不需要伯克希尔进行太大的运营投入，却能持续地创造出越来越丰厚的财富，巴菲特用喜诗糖果和伯克希尔其他下属公司源源不断产生的利润继续买进盖可保险、可口可乐、吉列等这些优质公司的股权，让伯克希尔的财富雪球得以越滚越大。

喜诗糖果给沃伦·巴菲特上了一课，让巴菲特明白：**"用合理的价格买进优质公司比用便宜的价格买进平庸公司更划算。"**喜诗糖果让伯克希尔的投资慢慢聚焦到一个又一个好生意上。如果没有喜诗糖果，也就没有日后伯克希尔投资可口可乐的经典一笔。喜诗糖果造就了伯克希尔·哈撒韦的文化。

第七节　手机是好生意吗：爱施德公司年报带来的思考

我做手机生意长达15年，深知手机行业的艰辛。在我看来，卖手机真的不是个好生意。

手机行业典型的特点有几个：

1. 竞争激烈。

2. 毛利率低。

3. 更新换代快。

4. 存货减值压力大。

5. 领导者品牌很容易被颠覆。

大多数手机厂商的毛利率在6%～8%，手机渠道商的毛利率一般在3%～4%。只有极少数类似苹果公司这样伟大的公司才具备绝对的定价权，苹果公司的毛利率高达38%以上。但我们谁也不敢说20年后苹果公司仍然是移动电话行业的领导者。想想曾经的诺基亚和摩托罗拉吧，再想想曾经咄咄逼人的挑战者爱立信、索尼、NEC、松下、TCL、康佳……有谁还记得诺基亚"科技以人为本"的宣传语？又有谁还记得刘德华为爱立信手机做的广告"回头便知，我心里只有你"？人们也应该忘记了"手机中的战斗机——波导手机”。

消费者很难对手机品牌保持长久的忠诚，只要有其他手机生产商采用了更新的技术，老的手机品牌可能一夜失去客户黏性。这些年因为行业集中度越来越高，手机行业已经变成少数巨头博弈的行业，我估计华为、oppo、vivo、小米、三星等手机厂商的日子相对于十年之前要好过一些。但手机产品的更新换代让不能顺利出售的手机存货存在巨大的减值风险。

深圳爱施德公司是中国境内最大的手机渠道商，爱施德公司在2010年5月28日登陆深交所，股票代码是002416。我们可以从爱施德公司公开披露的信息了解一下手机渠道到底是不是好生意。

一、 爱施德的低毛利率

2015—2019年，爱施德平均年营业收入为535.18亿元，但平均年毛利润只有15.38亿元。五年平均毛利率为2.87%，这意味卖出一部单价为1000元的手机，爱施德只能获得28.7元的毛价差（见表1-6）。要知道，爱施德公司可是中国最大的手机渠道商之一！

表1-6 爱施德2015—2019年数据

（单位：亿元）

	2015年	2016年	2017年	2018年	2019年	五年平均值
营业收入	495.69	483.33	567.36	569.84	559.69	535.18
毛利润	12.88	12.98	16.74	16.67	17.62	15.38
税前利润	1.66	2.78	4.70	-0.26	3.95	2.57
净利润	1.47	1.88	3.79	-0.93	3.44	1.92

（续）

	2015年	2016年	2017年	2018年	2019年	五年平均值
毛利率	2.60%	2.69%	2.95%	2.93%	3.15%	2.87%
净利润率	0.28%	0.39%	0.67%	-0.16%	0.64%	0.36%
年末存货	29.71	26.84	39.38	23.55	23.34	
存货减值	0.60	0.33	1.34	0.95	1.10	0.86

数据来源：巨潮资讯网。

二、 存货减值是手机生意最大的风险

2015—2019年，爱施德公司的手机存货计提减值损失合计为4.32亿元，是这五年税前利润总额12.83亿元的33.67%。仅仅2017年爱施德就为存货计提了减值损失1.34亿元，这其中包含6748.76万元乐视超级手机的减值损失。存货减值是手机行业无法逃避的风险。如果说商业银行经营成败的关键是“贷款组合的质量”，手机公司是否健康的标准就是存货减值风险是否可控。移动电话因具有较强科技消费品属性，因此更新换代非常快，老的手机型号一定是逐日逐月贬值的。价值1000元的手机只要在库房放上半年，可能连500元都不值。贬值的手机存货和天天涨价的茅台酒存货真是形成了鲜明的对比。

我不知道爱施德公司因代理乐视手机这块业务总共产生了多少收入，但我们知道爱施德公司为代理乐视超级手机业务拓展付出了所得税前亏损6748.76万元的惨痛代价。要知道，在2015—2019年爱施德辛辛苦苦卖了五年的iPhone手机才赚了9849万元（税后）。如果投资手机渠道商的股票，我们不得不留意资产负债表上手机存货的数字。

三、 我在NEC手机存货上损失了90万元

2005年，我自己的公司曾费尽周折从NEC的全国代理商北京A公司要回了拖欠一年多的销售折扣折让，合计80万元。但随后又掉进了新的陷阱，我们从另一家NEC的全国代理商广州B公司获得代理权并买回了1800部NEC高端手机N6201和N6203（多少年后，我依然不愿意提起这两个数字）。

几个月后，因为NEC（中国）与B公司的业务纠纷，厂家取消了B公司的代理权，B公司曾经承诺给我们的存货价格保护变成了一张废纸。我的公司不得不以远远低于进货成本的价格抛售存货，当年这批NEC手机存货让我付出了90多万元代价。我们每台存货亏损了500元。

四、 代理苹果手机不如买进苹果公司的股票

我一直认为代理苹果手机的生意远没有直接买进苹果公司股票收益率更高。事实也证明如此，如果我2009年在78.2美元低点买进苹果公司股票，至2019年末可以获得34.61%的年复利收益率。那意味着每投入1美元，在11年后变成了26.29美元。这还没有计算期间苹果公司给股东发放的现金分红。

爱施德的全资子公司酷动数码是苹果（中国）的一级代理商，在数个省会城市的高端时尚购物中心经营苹果（中国）产品的零售业务。看似令人艳羡的iPhone手机代理生意其实还是很辛苦的，酷动数码公司代理苹果（中国）iPhone手机等终端产品

零售业务的毛利润在10%左右，还要承担房租、店面装修、店员培训、日常开支和税收等诸多费用。我早早就知道买进苹果公司的股票比经营酷动数码的生意好多了。

五、 二级市场投资爱施德的回报率

爱施德公司2010年在A股IPO，我在招股说明书上看到的是这么两组数据（见表1-7）。

表1-7　爱施德2007—2010年数据

（单位：亿元）

	2007年	2008年	2009年	2010年	复合增长
营业收入	43.95	73.00	87.54	108.88	35.31%
净利润	1.25	4.00	4.78	5.97	68.40%

数据来源：巨潮资讯网，爱施德招股说明书。

这是典型的高成长公司财务数据。上市前，爱施德的营业收入保持35.31%的复合增长率，税后净利润复合增长率更是高达68.4%，我们一点也看不出卖手机是一个苦差事。难怪当时很多私募大佬那么看好爱施德，但IPO后的爱施德交出了这样一个成绩单。

大家也可以从表1-8中看到，2011—2015年爱施德公司营业收入和净利润的数字。2011年以后，市场没有如期看到爱施德公司IPO后的持续高成长。IPO后的五年，爱施德共计为上市公司股东赚了10.23亿元的税后净利润，年均仅为2.05亿元。而一家年均盈利不稳定且平均只有2.05亿元的公司，我认为其合理的内在价值不应该超过20.50亿元。爱施德公司IPO后的第一年末（2010年末），股票收盘市值高达224.45亿元，投资者最后的结局也就早早注定了。爱施德2019年末收盘市值为94.31亿元，较2010年末下跌57.98%。这就是用不合理的高价格买进平庸生意的结果。

表1-8　爱施德2011—2015年数据

（单位：亿元）

	2011年	2012年	2013年	2014年	2015年
营业收入	128.75	195.81	402.44	483.21	495.69
净利润	3.59	-2.60	7.54	0.29	1.41

数据来源：巨潮资讯网。

有一次，招商证券的客户经理在股票市场暴跌时问到我："马总，股价这么暴跌，您不害怕吗？"我回答："我是天天满仓，没有一天持有现金。我从不恐慌。因为我知道，自己是花了80元买进今天值100元，五年后值200元的股票。当然，我很理解其他人的恐慌，因为他们是用1000元买进今天值100元，五年后值50元的股票。我们有着本质的不同。"

第二章
逻辑思维

第一节　逻辑导向而非结果导向

一、 结果导向是动物本性

这是一个很有意思的哲学问题，到底是“先有因再有果”还是“先有果再找原因”？我观察大多数人都是先看结果再总结原因，人们习惯“以结果论成败”。如果某某人发迹了，人们就认为他是成功人士。某某人落魄了，人们又会把他看成“失败者”。股票市场习惯用股价涨跌的结果论成败，所有这些现象都来源于人类“逐利”的动物本性。人们在生活中也一样如此，总会很现实地说：“别跟我说别的什么，我就看结果。”按照著名历史学家伊恩·莫里斯教授的说法：人类就是在懒惰、贪婪又充满恐惧下努力要一个结果，那就是让自己的生活变得更便利、安全和有效。人类就是这么一个既聪明又务实的物种，总是希望自己付出最少的代价，以最快的时间获得最大的收益。而且为了利益，人类不光短视，还可能不讲原则，不问道理，不顾逻辑。本杰明·富兰克林曾经明智地指出：“与人打交道时要诉诸利益，而非诉诸理性。”

人们因为沃伦·巴菲特在股票市场赚了上千亿美元的结果才去寻找他获得巨大财富的原因，这与我信奉的“逻辑导向而非结果导向”是完全不同的。伯克希尔·哈撒韦创造的巨大财富是上帝对伯克希尔·哈撒韦的奖励，跟我们没有一点关系。我只对巴菲特赚钱的逻辑感兴趣。如果一个人在股票市场赚到的钱比巴菲特更多，但用的是我不能认同的方法，我依然不会有一点兴趣。

二、 比尔·盖茨身边的投资高手

世界首富头衔很多年都属于微软公司创始人比尔·盖茨。盖茨家族拥有的财富高达1000亿美元以上。目前比尔·盖茨仍然持有微软公司3%左右的股份，市值大约450亿美元，余下的近700亿美元都是靠多年投资赚来的。1994年，比尔·盖茨聘用了投资高手拉尔森来管理自己的家族资产。当时，盖茨家族的资产只有50亿美元。拉尔森大概帮盖茨家族赚了600多亿美元。拉尔森是如何做到的呢?

他不断减持微软的股票，将资金配置到多元化的股票组合中。数年来，拉尔森将比尔·盖茨家族在微软公司的股份由45%减持到3%。2020年6月30日，微软最新的收盘市值是15400.93亿美元，45%微软股票的市值是6930亿美元。人们会这样讥讽拉尔森："看看那个傻瓜，成功地把7000亿美元变成了1000亿美元。"

我觉得这样评价拉尔森未免有失公允。昔日PC软件的霸主微软公司曾错过了搜索引擎，又错过了移动互联网，2009年市值最低跌至1330.12亿美元。即使盖茨家族没有卖过一股股票，属于比尔·盖茨的资产在2009年也仅剩下600亿美元。

2014年，微软董事会聘请萨提亚·纳德拉担任CEO。他承担起了拯救微软公司的使命，经过几年的努力，微软公司在云计算和软件业务上取得重大进展，盈利能力也大幅度提升。微软的股价也在纳德拉上任后上涨了近五倍。我们不能因为现在微软1.54万亿美元市值的结果去指责拉尔森，要是没有纳德拉的拯救，微软公司可能已经变成了一家小型公司。如果是那样的结果，那些尖酸刻薄的人们应该变成拉尔森的粉丝了。

第二节　巴菲特的错误

2020 年上半年，资本市场讨论最多的话题就是“巴菲特的错误”。2019 年末伯克希尔・哈撒韦重仓持有美国四大航空公司股票，其中持有达美航空 11% 股权，西南航空 9% 股权，联合大陆 8.7% 股权，2020 年 3 月因新冠肺炎疫情全球爆发，航空业遭受重大打击，四大航空公司股价暴跌。媒体通篇报道都是“巴菲特投资航空股被套”“股神犯了大错误”……5 月份在伯克希尔股东会上，沃伦・巴菲特认为投资航空股的逻辑已经发生了变化，伯克希尔・哈撒韦因此清空了所有航空公司的股票。6 月初，美国四大航空公司股价大幅反弹，资本市场一片哗然（见表 2-1）。奥马哈的先知竟然一错再错，财经媒体更是用“巴菲特抛航空股抛在了地板上”的大标题博眼球。就连特朗普都说：“巴菲特一生都是对的，但不应该卖出航空股。”

表 2-1　美国四大航空公司数据

（单位：美元）

	2019 年末收盘股价	2020 年 3 月低点股价	涨跌幅度	2020 年 6 月高点股价	从股价低点上涨幅度
达美航空	58.48	17.51	-70.06%	37.24	112.68%
西南航空	53.98	22.47	-58.37%	42.35	88.47%
联合大陆	88.09	17.80	-79.79%	48.95	175.00%
美国航空	28.68	8.25	-71.23%	22.80	176.36%

数据来源：新浪股票。

人们就是用短时股价的涨跌作为判断投资对错的标准，完全就是结果导向，这和逻辑导向的思维方式是完全不同的。伯克希尔·哈撒韦公司在2016年开始大幅度买进航空公司股票是有逻辑的。当时美国四大航空公司现金流非常好，美国政府加大航空基础设施投入，原油价格在历史低位波动，这些因素都让四大航空公司的利润预期前景非常好。但没有人会在2019年准确地预判到新冠肺炎疫情的全球大流行。巴菲特在股东大会上解释了卖出航空公司股票的原因：

“我们卖出航空公司，不是因为我们觉得股市要跌，不是因为有人调低了目标价，不是因为有人调低了年度利润预测，都不是。是我错了，我的评估出现了错误。我们买的时候，经过综合考虑，按照当时的计算，我们买得很值。后来事情的发展证明，我对航空业的判断错了。我认为，航空业的生意变了，已经发生了巨大的变化。四大航空公司每家都要去借100亿美元或者120亿美元，有的航空公司走投无路，可能还要发行股票。因为这一切，航空公司未来的利润要被消耗光。航空公司的生意没有之前那么清晰了，我不知道这个生意未来会怎么样。此次疫情影响下，旅游、酒店、邮轮、主题公园都受到冲击，但航空业遭受的冲击尤其严重。”

因为疫情，投资航空股的逻辑已经发生了变化。巴菲特并不介意自己卖出航空公司后，会不会有一个人愿意出更高的价格从另外一个人手里买走航空公司的股票，那已经跟伯克希尔·哈撒韦没有关系了。巴菲特是基于美国航空业未来数年利润是否稳定来判断美国航空业是否值得长期投资，这与股票市场用航空公司短期股价是否上涨作为评判标准是完全不同的。

第三节　日本人犯的两个战略错误

投资这件事，如果逻辑错了，明天你可能会因为运气获得短时的好结果，但早晚会被股票市场吞没。大多数人很少讲长期逻辑，都是用短期结果判断成败。这在心理学上称为“代表性效应”，人们往往因为看到的结果认为趋势可以继续下去。看到房价上涨，人们就会火急火燎地报名董藩教授的房地产课程；看到海天味业股价涨了，人们就会去百度搜索酱油的酿造历史。我们只需要看看 2015 年乐视网和暴风科技泡沫刺破前，各大券商研究员的数百份强推研报，就能知道人们当时有多么愚蠢。

第二次世界大战时期，日本人犯了两个致命的战略错误，那就是发动卢沟桥事变全面侵华和偷袭珍珠港对美开战。当时的中国是一个拥有几千年历史和四亿人口的大国，哪里是小小的日本可以吞得下的。美国在 1940 年的 GDP 总量为 2000 多亿美元，是日本当时 GDP 的近 10 倍，哪里是日本可以触摸的。但狂热的日本人根据自己以往的胜利记录，简单联想自己可以吞下中国和战胜美国。是的，日本人确实在 1894 年的甲午战争打败过中国，又在 1904 年的日俄战争中打败过俄罗斯，日本人就是用一两次战争胜利的结果判断自己可以战无不胜。

第四节　长期思维而非短期思维

一、　一股神秘的力量

当美国国会议员质询本杰明 · 格雷厄姆：“为什么被低估的

股票最终会上涨?”华尔街证券之父给出了模棱两可的答案:“有一股神秘的力量。”那股神秘的力量是什么呢?我想就在人类历史的演化中。人类作为一个整体,短期可能理性,也可能非理性,但长期一定是理性的。因为如果人类是一个非理性甚至疯狂的物种,早就会被大自然法则淘汰了。人类之所以能一代一代繁衍到今天,是物种演化的选择。人类短期经常会做傻事,我们也无法预测别人愚蠢的程度,更不知道别人什么时候能够明白过来。但就整个人类发展轨迹而言,人类总是能找到长期最有利于自己的正确方向。这就是我们在股票市场长期获利的核心所在。

二、 时间是优质公司的朋友

没有人能说得清楚股票市场明天的情绪,平庸公司股价可能会上涨,而优质公司股价可能会下跌。但长期而言,优质公司的股价一定会上涨,而平庸公司的股价也必然会下跌,这是不以投机者的意志为转移的。2001 年 12 月 31 日,贵州茅台收盘市值为 93.88 亿元,也就是说,我们在当时只需要花 93.88 亿元就可以把贵州茅台全部买下来。

2019 年,贵州茅台归属于上市公司股东的净利润已经从 2001 年的 3.28 亿元增长至 412.06 亿元,这家公司 2019 年一年为上市公司股东创造的税后净利润可以买下 4.39 个 2001 年 12 月 31 日的贵州茅台。2019 年贵州茅台税前分红为 213.87 亿元,仅一年的分红就可以买下 2.28 个 2001 年 12 月 31 日的贵州茅台。股票市场再愚钝,也不可能傻到今天还按 2001 年 12 月 31 日的标价 93.88 亿元去出售贵州茅台的股票。

让我们看看那些优质公司股价必然上涨的原因，格力电器2019年的净利润可以买下4.77个2001年的格力电器；万科2019年的净利润可以买下4.74个2001年的万科；恒瑞医药2019年的净利润可以买下1.47个2001年的恒瑞医药；云南白药2019年的净利润可以买下1.12个2001年的云南白药；五粮液2019年的净利润可以买下0.97个2001年的五粮液（见表2-2）。

表2-2　六家企业数据比较

	2001年12月31日收盘市值（亿元）	2019年净利润（亿元）	2019年净利润/2001年末市值
贵州茅台	93.88	412.06	4.39
恒瑞医药	36.19	53.28	1.47
格力电器	51.82	246.97	4.77
云南白药	37.44	41.84	1.12
五粮液	179.27	174.02	0.97
万科A	81.97	388.72	4.74

数据来源：巨潮资讯网。

即使2019年市场对五粮液极度悲观，只能给予这家公司10倍市盈率的静态低估值，五粮液在2019年末的收盘市值也在1740.2亿元，是2001年末收盘市值179.27亿元的9.71倍，长期投资五粮液也必然赚钱。而股票市场在2019年很看好五粮液的生意模式，给予了这家公司30倍即5162.92亿元的估值，2001—2019年这18年，投资者长期投资五粮液股票的复合收益率高达20.53%。

第五节　地心引力

无论投机者有多么高的热情，无论市场有什么炒作题材，无论大股东怎么煞费心机地做市值管理，平庸公司的股价总会在“万有引力”的牵引下不断下行。那是因为平庸公司无法为投资者创造出足够的净利润去覆盖买入的成本。

2019 年惠泉啤酒归属于上市公司股东的净利润只有 0.2 亿元，是 2009 年 12 月 31 日市值 28 亿元的 0.71%，2010—2019 年的十年净利润总和也仅有 1.55 亿元，惠泉啤酒创造的税后净利润怎么计算都无法覆盖 2009 年 12 月 31 日的 28 亿元市值。平庸公司短期可能因为某些题材而出现阶段性股价暴涨，但长期没有投资回报是必然的。表 2-3 中列出了惠泉啤酒、荣华实业、中国铝业、华谊兄弟、报喜鸟和瑞贝卡的数据供大家参考。

表 2-3　六家企业数据比较

（单位：亿元）

	2009 年 12 月 31 日收盘市值	2019 年净利润	过去十年净利润之和	2019 年末收盘市值
惠泉啤酒	28.00	0.20	1.55	16.6
荣华实业	77.88	-0.93	-2.46	22.56
中国铝业	1957	8.51	-187.78	602.60
华谊兄弟	93.12	-39.60	-2.82	129.67
报喜鸟	65.79	2.10	13.85	39.21
瑞贝卡	74.60	2.12	18.85	40.64

数据来源：巨潮资讯网。

第六节　这个世界是有逻辑的

雅各布·利特尔和杰西·利弗莫尔都曾在某个时期的股票市

场中赚过大钱，但他们不可能如沃伦·巴菲特和查理·芒格一样在资本市场获得长期成功。乐视的七大生态曾经把人们忽悠得晕头转向，似乎只需要吹吹牛就可以颠覆苹果和华为，但长期只能成为人们茶余饭后的笑话。正是因为时间这个朋友在牵引优质公司的股价不断上涨，地心引力在牵引平庸公司的股价不断下跌，我们才必须做时间的朋友。

用足够的时间尺度去思考投资问题。预判下一个交易日、下一周、下一个季度甚至下一年的市场，贵州茅台股价可能下跌，荣华实业可能连续涨停，这没有什么可奇怪的，荣华实业曾经在2010年7月到11月短短的四个月时间里，股价从最低6.83元上涨到了最高23.55元，市值从45.46亿元上涨到156.75亿元。

我认识的一位朋友就是在那个时期重仓在低位买进荣华实业然后在20多元卖出的，最后用投机赚到的钱在北京三环边购买了一套三居室，那真是个让人哭笑不得的幸运。但就像进入赌场的人一样，只要就赌一把，以后一生都不进入赌场，赚钱和赔钱的概率是差不多的。

人们并不是在赌场没赚过钱，有些人甚至曾经赚过大钱。但为什么赌徒的命运永远都是那么悲惨呢？那是因为赌徒不知道时间是赌场老板的朋友而不是他们的朋友。人们进入赌场后，赚了钱会信心爆棚，希望赚更多的钱。赔了钱又不走，希望把输掉的钱捞回来。就是因为人性使然，让人们长期停留在错误的赌桌上，才造成了一幕幕人间悲剧。如果把荣华实业看成一张赌桌，在不计算巨额税费的情况下，整张桌面从十年前的77.88亿元市值跌到了2020年最低8.92亿元，投资人整体赔掉了68.96亿元。或许会有那么几个极其聪明、幸运的家伙在这张桌面上赚到钱，但那只会增加荣华实业投资人整体的痛苦。

股票市场短期有可能是有逻辑的，也有可能是没有逻辑的，但长期一定是有逻辑的。我之所以坚持逻辑思维，就是相信这个世界是有逻辑的。

第七节 长期是多长时间

我不会以一年、一个月乃至一天去思考投资，那是投机者的时间尺度。钱要一分一分地赚，一家公司内在价值的变化是非常缓慢的，慢得几乎让人用肉眼看不出来。我们需要用长期投资的视角去思考投资，但长期又是多长时间呢？

很多人机械地理解长期投资，他们会说自己以 20～30 年乃至更长的时间去思考投资，金融院校的毕业生还会拍着脑袋用永续增长率计算企业未来现金流。1566 年，西欧最富有的尼德兰地区（今天的荷兰、比利时和卢森堡）爆发资产阶级革命，1581 年，荷兰人摆脱专制的哈布斯堡家族统治，成立荷兰共和国。海上马车夫为开拓海外贸易，建立了东印度公司。由于荷兰的贵族和资产阶级没有财力提供足够的资金量，1602 年，东印度公司开始向普通人发行股票。股份公司的股东共同分享收益，共同承担风险。

在人类数万年历史中，股份公司和股票都不过是只有 400 多年历史的新鲜物。我很难想象股票市场竟然在痴狂的时候可以给出某些公司 800 年以上的估值？我自己也从来不会用永续经营的增长率去计算企业的价值。我真的不知道，有谁见过永续经营的企业？还是永续增长的企业？人们有时候真是愚蠢至极。

我在15年以前，绝对想象不出有一个叫史蒂夫·乔布斯的美国人用iPhone手机改变了世界，我也不会预想到有一个小小的App（微信）可以为生活带来如此的便利。15年前，我甚至连App是什么都不可能知道。40年以前，还在读小学的我不可能想到今天会开上自己的汽车，住在吹着空调的大房子里。

谁说得清楚20~30年以后的事情呢？那是上帝的视角。20年前，我无法看清楚今天。今天，我也同样无法看清楚20年后的遥远未来。我不会自以为是地用无法看清楚的时间尺度去思考股票投资，而是务实地使用10年作为“估值的标尺”的时间度量。

第八节　生意思维而非股价思维

一、把整个公司都买下来

我在思考投资时会这样想：“如果把整个公司都买下来，目前的价格是否合适？”投机者会用股价K线图走势评估是否买卖。投资者可不应该用这个错误的标准。我们应该用股价乘上总股本计算出整个公司的市值，然后再和其内在价值比较。当优质公司的股票市值大大低于内在价值的时候，就是斑马群出现在草原上的绝佳投资机会，想想草原雄狮看到这种场景流口水的样子吧！

我们买进并持有的不是一张被炒来炒去的纸片而是生意股权的一部分，即使那些股票十年之内不能交易，甚至是一家非上市公司，只要是能持续获得丰厚利润的生意，谁都很愿意拥有这些生意的股票。

二、 要利润不要市盈率

在过去几年中，很多博弈高市盈率成长股的投资者取得了巨大成功。他们都是非常出色的投资人，具备相对专业的投资能力。他们非常看重商业模式品质，在买入股票前和持有股票期间会做非常周详的市场调研。他们可能在50倍甚至更高的静态市盈率买进成长股，用自己的专业能力化解高估值的可能风险。我当然不会认为“高市盈率=高估值”，但我确实没见过沃伦·巴菲特重仓买进50倍以上静态市盈率的股票。

我并不是机械地理解投资，只是觉得肉眼能够看见的静态市盈率越高，就意味着对投资者的专业水准要求越高。比如说，辨认现金流充裕的麦当劳加盟店面是否值得购买是很容易的，静态市盈率越低对买家越有利，一家一年可以赚100万元的麦当劳加盟店面如果整体售价只有300万到400万元，那真是谁都可以算得出来的好生意。但如果一个年增长25%的生意售价超过50倍市盈率，那就不好判断了。如果这家公司未来可以保持20年的25%复合增长，50倍静态市盈率的价格就应该是非常好的买点。但如果这家公司也只是前三年保持25%的复合增长，后面的复合增速下降到5%，其十年间的净利润复合增长速度就下降到10.64%。按照“估值的标尺”，其内在价值对应的静态市盈率不应该超过19倍。

会有几个用50倍以上静态市盈率买入成长股的投资者发了大财，他们不光具备了常人没有的识别商业模式前瞻性的超高能力，有时候也确实有运气的成分。我常常听到有人会说：“某某股票从来没有便宜过。”我知道这些人不过是在给自己的投资冒险找一个说得出口的理由。

还会有人这么说："这家公司现在的市盈率是50倍，如果十年后市盈率依然是50倍，我们可就赚大钱了。"我不禁要问了："你怎么就肯定这家公司十年后的市盈率是50倍而不是15倍呢?"十年后市盈率是50倍还是15倍不仅取决于第10年以后的税后净利润，还取决于当时的市场情绪。

如果一家好公司遇到大牛市，还是很有可能获得高估值的。但我不愿意将命运依托于别人的情绪，我更喜欢自己能把控投资的风险。如果按股价涨跌计算，十年以前用42.43倍市盈率买进片仔癀股票要远远好过用18.16倍市盈率买进格力电器股票。考虑税前分红因素，片仔癀的投资者在过去十年获得了28.66%的复合收益，而格力电器的投资者获得了23.89%的复合收益。但如果要我在"用55.03亿元购买未来十年为我们赚59.94亿元的生意"还是"用529.01亿元购买未来十年可以为我们赚1431.73亿元的生意"之间做选择，我肯定会选择后者（见表2-4）。因为在我心中，投资就是生意，我们要的是利润而不是市盈率。

表2-4 片仔癀和格力电器数据比较

年份	片仔癀			格力电器		
	净利润（亿元）	收盘市值（亿元）	收盘市盈率	净利润（亿元）	收盘市值（亿元）	收盘市盈率
2009年	1.30	55.03	42.43	29.14	529.01	18.16
2010年	1.94	101.92	52.51	42.76	510.89	11.95
2011年	2.55	103.80	40.72	52.37	487.21	9.3
2012年	3.49	152.49	43.76	73.80	520.06	7.05
2013年	4.30	151.73	35.29	108.71	982.37	9.04

（续）

年份	片仔癀			格力电器		
	净利润（亿元）	收盘市值（亿元）	收盘市盈率	净利润（亿元）	收盘市值（亿元）	收盘市盈率
2014年	4.39	141.06	32.13	141.55	1116.52	7.89
2015年	4.67	276.68	59.25	125.32	1344.52	10.73
2016年	5.36	276.26	51.54	154.21	1481.07	9.6
2017年	8.07	381.30	47.25	224.02	2628.87	11.73
2018年	11.43	522.77	45.74	262.03	2147.01	8.19
2019年	13.74	662.86	48.24	246.97	3947.12	15.97
复合增长	26.59%	28.26%		23.83%	22.26%	
税前分红		21.20			558.33	
考虑分红后的复合收益		28.66%			23.89%	
十年净利润总和	59.94			1431.73		

数据来源：巨潮资讯网。

第九节　黑天鹅飞来的时候需要逆向思维

我们不能左右股票市场如何波动，但可以决定自己面对股价波动时做出什么选择。投资者到底应该选择“别人贪婪的时候恐惧，别人恐惧的时候贪婪”的逆向思维？还是“追涨杀跌”的顺势而为呢？

就跟投机者的眼睛永远离不开电脑屏幕上跳动的股价一样，人类很容易被眼前的场景迷惑，会根据当前看到世界的样子或者乐观或者悲观地判断未来，这是人类身上的短视基因造成的。只有极少数基因变异者才具备“逆向思维”的能力。

一、 盖可保险公司

1936年，利奥·古德温在得克萨斯创建了盖可保险公司。他比华尔街更明白金融公司“不做什么”的重要性。盖可保险公司通过邮寄信件的方式销售保险，节省了大量的人员成本，而且只向政府的工作人员销售保单，这样又大大控制了风险。20世纪70年代，盖可保险公司CEO拉尔夫·佩克为了追逐市场规模选择放松承保政策，开始向体制外人员销售保险。盲目扩张带来了新的保单，更带来了昂贵的理赔损失。

1974—1975年，客户的索赔总额已经超出了公司的净资产。1975年，盖可保险公司宣布巨亏1.9亿美元，公司到了破产清算边缘，股价也从最高42美元暴跌到4.8美元。就连82岁的华尔街证券之父本杰明·格雷厄姆的个人投资也深陷其中，盖可保险公司的股价看起来很难再恢复到以前了。

《华盛顿邮报》的出版人凯萨琳·格雷厄姆给刚刚接任盖可保险公司CEO的杰克·贝恩打去电话，建议他和沃伦·巴菲特聊一聊，当时焦头烂额的杰克·贝恩很不情愿地问道：“谁是巴菲特？”

但杰克·贝恩和沃伦·巴菲特还是见了面，他们一直聊到天黑。当整个华尔街都在判断盖可保险公司难逃此劫时，巴菲特做出了逆向判断。他了解盖可保险公司，知道只要杰克·贝恩能够带领公司重新回到低成本、低风险的轨道，盖可保险公司一定是有救的。巴菲特在见到杰克·贝恩的第二天以2.125美元买进了50万美元的盖可保险公司股票，之后继续大量买进股票。1977年末，伯克希尔·哈撒韦合计买进了411.6万美元的盖可保险公司股票。在杰克·贝恩和沃伦·巴菲特的努力下，这家公司重新回到了良性的轨道。

伯克希尔的这笔投资也成了巴菲特投资生涯的精彩一笔。1980年底，伯克希尔在盖可保险公司合计投入了4571.3万美元，并取得了这家公司33.3%的股权，在此后的15年里，由于盖可保险公司不断回购自家股票，伯克希尔的持股比例逐渐增加到50%左右。1995年，巴菲特用23亿美元买下了剩下的一半股权。盖可保险公司从此成了伯克希尔·哈撒韦旗下的全资保险公司。

二、 三聚氰胺时期的伊利股份

2008年，中国爆发三聚氰胺危机，乳业龙头公司伊利、蒙牛公司不得不对渠道存货计提报废和跌价损失，造成利润表巨额亏损。当时的中国人好像再也不喝牛奶一样，不再对伊利、蒙牛公司的产品感兴趣。股票市场的人们疯狂卖出伊利股份的同时，蜂拥买进九阳豆浆机的股票。

2008年，伊利股份计提存货报废损失8.85亿元、存货跌价损失2.35亿元。当年伊利股份巨亏16.87亿元。资本市场的人们像卡哈马卡的印加勇士一样落荒而逃，伊利股份的市值从2008年高点223.78亿元暴跌76.96%至51.55亿元。如果按年末收盘市值计算，2008年收于65.62亿元，较2007年末

212.12 亿元下跌 69.06%（见表 2-5）。伊利股份的黑天鹅飞过来了！

表 2-5　2004—2008 年伊利股份数据

（单位：亿元）

	2004 年	2005 年	2006 年	2007 年	2008 年
营业收入	87.35	121.75	165.80	193.60	216.59
净利润	2.39	2.93	3.76	−0.05	−16.87
年末市值	35.07	57.40	132.87	212.12	65.62

数据来源：巨潮资讯网。

注：2007 年亏损 460 万元，是伊利股份为兑现股改承诺支付股权费用 4.6 亿元所致。

事后看，那真是股票市场千载难逢的一次发大财的机会，如果我们在别人恐慌时逆向思考，冷静地问自己两个问题：

1. 中国人还会喝牛奶吗？

2. 如果中国人未来还会喝牛奶，会喝哪个品牌的牛奶？

记得 2008 年我正在深圳出差，当时还特意留意了一下超市的牛奶品牌，我惊讶地发现，深圳的超市里整齐摆放着伊利和蒙牛的产品，竟然没有别的品牌。作为北京人，我知道北京的超市里摆放的一定是伊利、蒙牛和三元。上海的超市应该是伊利、蒙牛和光明。都有伊利和蒙牛！我在 2008 年就不相信中国人从此再也不喝牛奶了。我的判断是如此准确，但我没有在那次大机会中从伊利股份的股票上赚到一分钱。因为那时候，我还在做手机生意，竟然抱着看热闹的心态看那次发大财的机会。想想都让人心碎。

如果那时候我就明白了投资的道理，我一定会逆势在 2008 年买进股票。2019 年，伊利股份为上市公司股东创造了 69.34 亿元税后净利润，2019 年的净利润就可以买下 2008 年的整个伊利股份。2009—2018 年伊利股份 10 年合计为上市公司股东赚了 350.17 亿元，而 2008 年末的股票竟然只卖 65.62 亿元？2019 年末，伊利股份收盘市值为 1886.22 亿元，如果再加上 2009—2019 年税前分红总计 198.11 亿元。这家公司 2008—2019 年的长期复合回报率高达 36.94%。我太喜欢黑天鹅了！

第十节 投资需要抓主要矛盾

无论做什么事，都必须抓住主要矛盾的才行。什么是主要矛盾？就是对你最重要的事情。投资股票是对生意的选择，选择方向当然比努力更为重要！

我们现在做投资时会面对海量的财经信息。不光是投机者盯着的随时跳动的 K 线图，投资者可以使用智能手机，从巨潮资讯、雪球网、搜索网站得到所有自己想得到的股票信息。

这几年，成熟的投资者还学会了去参加上市公司一年一次的股东大会，去零售终端了解产品的进销存状况。但信息获取过多，未必是好事情，人们常常被各种信息搞得焦头烂额。有些优质公司的股价在过去十年上涨了数倍，但很少有内部员工通过买进自己公司股票发大财。那是因为内部员工接触公司的具体信息太多了，这里面就一定包括了自己不喜欢的负面信息，这让人们很难有勇气打开自己的钱包。我们到底应该如何挑选有用的信息？到底如何才能从海量的信息中做出正确的投资选择呢？

我们经常碰到事无巨细的管理者把公司运营得一塌糊涂，股票市场的人们也常因无法从海量财经信息中抓住主要矛盾而不知所措。他们在不应该停留的地方浪费时间，在不应该纠结的事情上耗费精力。我的一位朋友曾跟我大谈万科物业服务和物流仓储业务做得如何出色，他因为看好万科的这些新业务进而看好万科的股票。我这样对他说：“万科 2019 年物业板块仅占全公司营业收入的 3.45%，该板块产生的毛利润仅占全公司毛利润的 1.77%。你为什么要在这么小的地方耗费这么大的精力呢？”

投资腾讯的主要矛盾

腾讯的投资者早已经习惯了躺着持有腾讯的股票就能赚大钱。2017 年以前，腾讯公司业绩年年高增长，股价年年创新高。就连某互联网金牌分析师都会一脸疲惫地在 2017 年这样地展望腾讯来年的表现：“腾讯真的没什么好讲的，明年业绩增速大概率在 40%～50%，投资腾讯股票的收益率也就 40%～50%。”这些金融院校毕业的高才生，总是喜欢高高在上地侃侃而谈。他们是结果导向者，习惯用后视镜天真地预测未知的未来。在他们眼中，腾讯公司业绩高增长似乎可以永远保持，40～50 倍市盈率也会永远存在。站在 2017 年，一切都是那么自然而然地合乎逻辑。

2007—2017 年，腾讯控股的营业收入从 38.21 亿元增长至 2377.6 亿元，复合增长 51.15%，2017 年同比 2016 年增长 56.48%；税前利润从 15.35 亿元增长至 882.15 亿元，复合增长 49.95%，2017 年同比 2016 年增长 70.83%。在如此靓丽的高增长下，腾讯的股价几乎年年上涨，从 2007 年末收盘市值 986.27 亿港元上涨至 2017 年末的 38566.14 亿港元，投资者十年的复合收益率高达 44.28%（未包含现金分红）。2017 年股价上涨 114.52%。

进入 2018 年，市场突然发现腾讯公司的高增长一夜消失。电脑画面上充斥着对企鹅的负面报道。即使我不是腾讯的员工，也会因为看着铺天盖地的负面报道感到闹心。腾讯的投资者在 2018 年没有收获互联网金牌分析师给出的 40% ~50% 的收益率，腾讯股价在 2018 年下跌 23.47%。如果从 2018 年 1 月份高点 476.6 港元计算，暴跌 47.25% 至 2018 年 10 月份最低点 251.4 港元（见表 2-6）。腾讯怎么了？腾讯的高增长结束了？腾讯的拐点到来了？

表 2-6 2014—2019 年腾讯控股数据

增 速	2014 年	2015 年	2016 年	2017 年	2018 年	2019 年
微信用户	40.85%	39.40%	27.59%	11.17%	11.03%	6.12%
营业收入	30.60%	30.32%	47.71%	56.48%	31.52%	20.66%
增值服务	40.74%	27.42%	33.64%	42.83%	14.72%	13.22%
网络广告	65.04%	110.26%	54.40%	49.94%	43.62%	17.73%
毛利率	60.89%	59.53%	55.61%	49.18%	45.45%	44.40%
收盘市值（万亿港元）	1.056	1.434	1.798	3.857	2.951	3.576

数据来源：披露易年报。

我们在 2018 年阅读腾讯控股年报时，也会读到很多负面信息。

1. QQ 空间活跃用户触顶下降。

2. 微信和 WeChat 活跃用户增速下降。

3. 2018 年营业收入增速跌至历史新低 20.66%。

4. 因对竞技游戏的更严格监管，腾讯热门游戏产品不能获得上市许可。

5. 宏观经济导致广告业务承压。

6. 腾讯控股毛利率逐年下滑。

7. 股价低迷。

……

我们也会在2018年年报中读到积极的信息。

1. 《扶摇》获得独播剧收视率第一名。

2. 腾讯视频订阅客户创新高。

3. 美团上市。

4. 出售饿了么和摩拜。

5. 小程序日活跃客户增速良好。

6. 云服务业务健康发展。

7. 微信支付市场占有率快速提升。

8. 腾讯推出人工智能诊疗影像产品。

……

仅仅从腾讯公司2018年年报中我们就得到如此多的信息。年报以外，还到处充斥着抖音短视频强势崛起这样让腾讯投资者坐立不安的坏消息，让人真不知道该如何理出头绪来。我曾在2014年的《五年投资总结》中后悔错过了腾讯。这一次我该如何选择呢？于是在夏天一个安静的下午，我拜访了杜可君先生，请他帮我捋一捋投资腾讯的主要矛盾。

最后的结论是这样的：腾讯不是一家游戏公司，也不是一家广告公司，更不是一个视频网站。所有的业务不过是腾讯信息高速公路上的一个又一个收费站而已。2018年，腾讯公司已经修建了一条拥有11亿用户的信息高速公路，那就是微信。似乎每个人都在用微信，人们用微信联系业务，用微信分享照片，用微信找到20年未曾谋面的老同学，用微信和远在海外留学的孩子沟通……抖音和腾讯是业务模式完全不同的互联网科技公司，抖音短视频确实冲击了腾讯某个收费站的收入，但对微信信息高速公路几乎没有什么影响。

快速扩张的微信支付暂时拉低了整个公司的毛利率，但却拓宽了腾讯的信息高速公路。因为微信支付，人们更离不开微信，离不开腾讯公司了。腾讯公司还在扩建新的收费站，可能小程序的商业化和云服务的市场占有率提升，都会成为给股东的惊喜。腾讯公司是一家社交平台信息垄断型公司，微信的客户黏性就是腾讯业务的主要矛盾。我们何必那么在意毛利率的下降呢？

腾讯公司的互联网基因不光可能在未来创造出新的高科技亮点，这家公司也会为股东创造出实实在在的利润。我喜欢这种“进可攻、退可守”的公司。投资腾讯似乎很符合兵法中的“奇正思想”。

第十一节　投资只需要常识

2012年12月，华谊兄弟带领创业板触底强势反弹。这家公司的股价从2012年12月5日的12.15元连续上涨10个月至最高81.8元。而那段时间，恰恰是茅台股东最灰暗的一段日子。贵州茅台的股价从2012年7月266.08元连续下跌18个月，最低跌至118.01元。

2013年，市场人士认为那些旧经济已经彻底完蛋了，而华谊兄弟代表的新经济将代表未来。早在1905年，中国第一部电影《定军山》就已经上映了，我想不出来拍电影怎么成了新经济？更想不出来新经济泡沫就不是泡沫了吗？但我真的无法阻挡市场人士的想象力。在华谊兄弟的欢呼声中，我注意到这样一个帖子，大概意思就是："新经济代表华谊兄弟的股价必将突破100元！旧经济的茅台股价必将跌破100元！"资本市场常常出现这样的非理性幻觉。

其实，投资并不需要太高的智商。回到2013年，我们只需要用常识就能知道100元的华谊兄弟被高估了，而同样是100元的茅台确是千年不遇的投资机会。不是这样吗？

2013年，100元的华谊兄弟市值为604.8亿元，对应2013年税后净利润6.65亿元，市盈率90.95倍。而华谊兄弟2013年非经常性损益高达3.12亿元（主要是政府补助和减持掌趣科技股票的一次性投资收益）。100元的华谊兄弟对应扣除非经常性损益后净利润3.53亿元的市盈率达到惊人的171.33倍。我清楚，只有净利润连续10年复合增长50%以上才能支撑起171.33倍的估值。而2013—2017年华谊兄弟净利润的实际复合增长率是-21.95%（按扣除非经常性损益后净利润计算）。

2013年，100元的贵州茅台市值为1038.18亿元，对应2013年税后净利润151.37亿元，市盈率6.86倍（2013年茅台扣除非经常性损益后净利润高达154.52亿元）。2013年末贵州茅台有按成本计价的"在产品"和"半成品"价值95.67亿元，这部分存货的真正价值逼近1400亿元。2013年末，贵州茅台的真实账面资产高达1092亿元 。

并不需要多么聪明，我们都能判断出2013年100元的华谊兄弟太离谱了，而100元的贵州茅台同样是太离谱了，是千载难逢赚大钱的机会。2017年末，华谊兄弟收盘市值为242.21亿元，相较 2013 年高点下跌 51.04%；贵州茅台收盘市值为 8761.87 亿元，相较 2014 年最低点上涨 615.16%。

巴菲特说："市场短期是投票器，长期是称重器。"不管疯狂的人们如何投票，我们还是没有看到 100 元的华谊兄弟和贵州茅台。时间是优秀公司的朋友，时间越长，非理性人们的失望也就越大。

第十二节 门口的野蛮人

2014 年 2 月 26 日，万科的股价跌至 6.52 元。719.65 亿元市值对应当年实际盈利 186 亿元（2014 年万科销售额为 2151.3 亿元）的市盈率仅 3.87 倍。第一直觉告诉我，万科被市场极度低估了。

中国最优秀的房地产龙头公司不足 4 倍的市盈率，让我无法理解，让我措手不及。我知道，如果在美国，KKR 的亨利·克拉维斯很有可能会站在万科门口。

万科的业绩放在那里，估值早晚会上升。万科太适合被"门口的野蛮人"杠杆收购了。这家公司具备如下几个特点：

1. 财务健康且业务稳定增长。
2. 现金流良好且盈利能力超强。
3. 估值低。
4. 股权分散。

2014 年，万科归属于上市公司股东的税前利润为 206 亿元。如果保持 12% 的增速，万科未来 10 年将为上市公司股东创造 4000 亿元左右的税前利润。"门口的野蛮人"用杠杆私有化收购万科是利润极其丰厚的一笔好生意。假如一家私募股权基金用40%溢价（19元左右）收购万科，可能动用2100亿元资金。而这些钱可以通过发行7%～8%的理财产品募集而来。私募股权基金本身只需要动用100亿元就可以实现全部收购。用万科未来5～6年的税前利润来偿还8%的利息。我估计短短几年就可以偿还全部借款，最后为私募股权基金留下一家年盈利300亿元以上的优秀企业。

后面的事情你们都知道了，亨利·克拉维斯没有出现在万科的门口，宝能的姚振华先生出现了。并不是我有多聪明，稍加投资训练的投资者都会知道，不足4倍市盈率的万科会惹来麻烦的。

备注：2014—2019年，万科归属于上市公司股东的税前利润从206亿元增长至540亿元，复合增速为21.26%。2015—2019年万科为上市公司股东创造的税前利润总计在1900亿元左右。

第十三节　小米IPO到底应该值多少钱

雷军先生经常会给我们讲一些笑话，比如："猪可以飞起来！""小米估值应等于苹果乘以腾讯！"稍有生活常识的人都知道，猪是不可能飞起来的，因为猪没有翅膀。稍有投资常识的人也知道，小米的估值等于苹果乘以腾讯仅仅是一个玩笑。稍有通信行业背景的人都知道，大多数手机厂商的毛利率在3%～8%，所以不会太在意雷军先生关于"小米净利润率不超过5%"的承诺。

但我发现，雷军先生的魅力太大了！人们只要涌进小米之家，就会相信猪真能飞起来；人们只要听听雷总演讲，就认为小米应该值2000亿美元，就连在通信行业20年的专家们也会认为“净利润率不超过5%”的承诺很厚道。成功IPO让小米的前1000名员工成为千万富翁，前100名员工一夜成为亿万富翁，所有的一切都来源于小米估值的支撑。那么小米到底值多少钱呢？

从小米IPO前的招股书中我们看到：2015—2017年，因公允价值变动产生的投资收益合计119.11亿元，占总税前营业利润173.73亿元的68.56%。也就是说，小米有超过2/3的税前利润来源于投资小米产业链公司估值变动。2015—2017年，小米主营业务的税前利润合计54.62亿元，年均18.21亿元。2017年小米营业收入为1146.24亿元，其中批发和零售手机等硬件产品收入为1020.6亿元，占比89.04%。

如果不是小米，换成另外一家公司，其主营业务年均税后净利润不足15亿元、硬件收入占比89.04%，大家想想资本市场会给出什么样的估值呢？

但是小米就是小米，雷军就是与众不同。网络大V们这样写道：“马云、马化腾、李嘉诚买了，雷总强大的朋友圈买了，你们还在这里无聊地讨论着小米应该值多少钱？”我倒觉得，马云、马化腾、李嘉诚买不是我们买的理由。我们需要冷静下来，思考三个问题：

1. 硬件收入占比89.04%的公司是不是硬件制造商？
2. 公允价值变动产生的税前利润是不是可以持续？
3. 主营业务税后净利润不足15亿元的公司应该值多少钱？

投资真的并不需要多聪明，只需要尊重常识。人们在大街上一眼就能看出，对面走过来的那个人是胖还是瘦，人们不会愚蠢地把多穿几件衣服的瘦子看成胖子。

第十四节　资本市场的愚蠢比比皆是

资本市场的愚蠢比比皆是。在那些疯狂的年代，我们听到了太多荒谬的说法。

1. 某美女分析师被畅谈生态的贾跃亭先生迷倒，喊出这家年报表盈利 3 亿元左右的公司市值看高到 1000 亿元。这位美女分析师最后还真蒙对了，乐视网最高市值突破 1500 亿元。

2. 暴风科技 IPO，创始人冯鑫先生敲钟时喊出："300 倍市盈率不是梦！"暴风科技 IPO 后市值一度高达 360 亿元，远超 300 倍。

3. 在居民楼里办公的全通教育公司股价创下 467.57 元的中国纪录，市值逼近 500 亿元，但 2014 年净利润不足 4500 万元。只因为公募基金抱团坐庄，股价一飞冲天。

在市场癫疯状态下，人们如醉如痴地谈论着各种各样没谱的题材故事。甚至某大型保险公司的投资经理也告诉你："谈论市盈率就输在起跑线上了。"我真的搞不懂，资本市场不看市盈率还看什么？

投资并不需要高学历，也不需要高智商。投资只需要我们冷静下来，回归常识。人们在资本市场迷失了方向，只因为我们身上的动物基因在作怪。人类不光自私，而且贪婪、易恐慌、过度乐观、逐利、短视、喜欢妒忌、从众、迷信权威，这些基因都曾经在人类战胜恶劣的生存环境时起到了非常关键的积极作用，它们是我们的一部分。这些基因对现代人类社会进步也起到了极大的促进作用。但它们的副作用是显而易见存在的。几种基因常常共同作用，产生查理·芒格口中的“Lollapalooza”效应。这就是人们在股票市场很难赚到钱的原因。

第十五节 耐心是最大的美德

要想在股票市场赚到钱，最重要的能力就是要有耐心。耐心是什么？是坚韧不拔，是持之以恒，是咬着牙坚持。投资工作中对企业的估值并不是最难的，耐心才是在股票市场制胜的关键。持有股票需要耐心，持有现金等待更需要耐心。很多人天生不适合做股票投资，因为他们缺少耐心。

我很高兴地发现，我本人的基因里还是有着常人少有的耐心。我曾在2004年一次性戒掉了十多年的吸烟坏习惯。我曾经坚持730天风雨无阻地跑步，无论刮风下雨，无论出差或感冒，只因为我在心里曾经问过自己：“你能坚持每天跑步两年吗？”自律和耐心是在残酷的资本市场中生存的必备法则。我能够在股票投资上赚到钱，就是因为拥有耐心。

一、为什么投资需要耐心

因为投资就是生意，所以投资需要耐心。既然是生意，我们就不能期望在明天或下周马上赚到大把的利润；既然是生意，我们也不能总想着获取暴利。日子要一天一天地过，生意要一点一点地做，钱要一分一分地赚。真的就像农夫，需要春天播种秋天才能收获。

中国A股上市公司的平均净资产回报率（Roe）在10%左右，上市公司整体一定是中国经济中最好的那部分生意，这些生意回收投资成本的平均时间也是长达10年，所以我们有什么理由期望自己明天或下个月就获得暴利呢？即使我们买入了优质公司的股权，其内在价值的增长也是缓慢的，那种速度慢得让我们根本无法在短时间看出来。

但只要时间足够长，优质公司的变化是显而易见的。2017年万科销售额为5298.8亿元，是2009年634.2亿元的8.36倍，2017年末万科账面资产为1660.83亿元，是2009年末404.68亿元的4.1倍。2017年的万科已经不是2009年的万科了。投资者必须在生意中学会耐心。

因为市场的非理性，所以投资更需要耐心。股票价格短期受市场情绪影响，长期由上市公司的内在价值决定。大多数人会忽视内在价值的存在，而市场情绪又常常是非理性的。这意味着股价有时会荒唐到让我们瞠目结舌的地步。回忆一下2007年和2015年那些疯狂的故事吧！

再看看2008年人们落荒而逃的恐慌吧，基金经理们像面对瘟疫一样抛掉那些几乎是完美的投资机会。但市场长期又是理性的，有一股神秘的力量推动者优质公司的股价不断上涨。2002年末，买下整个格力电器只需要42.48亿元，买下整个贵州茅台需要67.98亿元，买下云南白药需要31.43亿元。

我想，那股神秘的力量就是优质企业持续增长的赚钱能力。2017年格力电器归属于上市公司股东的净利润为224.02亿元，这家公司2017年交给股东的净利润足足可以买下5.27个2002年的格力电器。但即使你用非常好的价格买进了格力电器的股票，也需要忍受市场非理性的波动。那些优质公司的股票可能长达几年都不涨，这真是考验投资者的耐心啊！

二、耐心需要常识，更需要信念的支撑

著有《一个投资家的20年》的杨天南先生说："我们在80%的时间是不赚钱的，所有的盈利来自余下20%的时间。那80%的部分就是忍耐和等待的时间。"但就是在大多数时间并不赚钱的天南基金恰恰在过去的几年里取得了惊人的投资业绩。

我的大学同学孟总这几年赚了大钱，他只买了中国平安、五粮液等少数几家优质公司的股票。

由于常常在一起聊投资，我记忆中的孟总老是耷拉着脑袋一脸无奈的样子。在3000天的日子里，孟总2800天都是失落的。但这并不影响孟总的最终成功。他是我大学同学里读书最多的那个人，《穷查理宝典》就是孟总力推给我的。那是我读过的最好的一本书，堪称是投资的圣经。孟总最大的优点还不是爱读书，而是常人没有的惊人忍耐力。孟总就像一个修炼中的忍者，可以耐心地忍受着中国平安股价几年不涨。他很好地诠释了古罗马政治家老加图的那句话："耐心是最大的美德！"

耐心需要信仰。所有喜欢长跑的人都知道，总会有那么一段艰苦的旅程让你几乎无法坚持，支撑你继续跑下去的是信念。人们只要大脑中有一点点不想坚持的想法，脚步一定会停下来。但只要我们咬牙挺过去，等待自己的是一张强者的内部记分牌。

投资是一场远比长跑更艰难的旅程，我们每天都要面对市场先生的报价。市场先生昨天还是和颜悦色，今天可能就龙颜大变。面对股市波动的考验，很少有人能完全做到无动于衷。人毕竟是分泌肾上腺素的动物。只有少数拥有坚韧性格的人才能战胜动物本性，而坚韧的性格不光需要财务数据的护航，更需要强大信念的支撑！

投资者有时候很像茫茫大海中孤帆远航的水手。埋着头送走枯燥的一天又迎来枯燥的一天，没有任何人倾听我们在深夜里的无奈诉说。我们只能靠足够的耐心忍受寂寞和孤独，我们只能凭借足够的坚强迎接大海突然的咆哮。

对于远航的水手来说，平静的内心下拥有着无比坚强的信念，那就是我们一定会到达大洋的彼岸。我一直认为，这个世界上最难干的工作之一就是投资股票。很少有人真正能在股市中赚到钱，人们总是梦想一夜暴富，天生缺少耐心。对于真正有耐心的投资者而言，我们常常会面临痛苦的煎熬和漫长的等待。但反过来想想，股票市场中看似艰难的投资旅程就像马拉松一样妙不可言，那是老去的我们回忆不完的骄傲！

第三章

保守主义投资思维

第一节 追逐确定性

一、 小树苗的诱惑

打一个比方：1000棵小树苗会存活下来100棵小树，100棵小树中有10棵会长成大树，10棵大树里会有1棵长成又粗又壮的参天大树。每家公司的成长都是从小树苗开始的，经历不同发展阶段，每个阶段可能都会淘汰90%以上的竞争对手。腾讯和阿里巴巴就是互联网行业的两棵参天大树。人们反复叙说着马化腾和马云的成功故事，很少有人会记得被这两家互联网巨头在各个阶段淘汰的千百个竞争对手。竞争是如此残酷，成功又是如此迷人。

破土而出的小树苗长成参天大树的诱惑实在是太大了，那足足可以赚上1000倍。会有少数极聪明的定性分析大师号称自己可以在1000棵小树苗中找出那棵参天大树。他们从阳光照射的角度、土壤的水分和养料、空气的温度和湿度，甚至从生物基因知识去剖析每一棵小树苗的商业模式。他们不惜为小树苗付上天价市盈率，有的时候他们真的会成功。

其实，这也没什么可奇怪的。即使请1000只大猩猩去分别押注每一棵小树苗，也会有一只幸运的大猩猩押中参天大树。小树苗的成长速度更快，动辄30%以上的成长速度刺激着投机者们的肾上腺素，让股票市场的贪婪得到充分的满足。但谁都知道，有90%的小树苗会因为各种原因枯萎。万一押上死去的那些树苗，我们的钱就都没了。风险投资行业通过“大数法则”来应对投资小树苗的不确定性，VC/PE机构会买下1000棵小树苗中看着最好的那100棵，只要有一棵能够成功IPO就能赚些钱，如果押中了腾讯和阿里巴巴？那真是太令人激动了！

在20世纪80年代，华尔街最杰出的基金经理彼得·林奇就曾在苹果公司股票投资上摔过跟头。彼得·林奇在买进股票前对苹果公司的商业模式进行了详尽的调研，确认这家高科技公司可以重新赢得市场的信任。看似一切都在自己的掌控之中。但他唯独忽视了最重要的不确定性，那就是硅谷天才史蒂夫·乔布斯怪异的性格。在乔布斯的一意孤行下，“丽莎电脑”和“麦金托什”都遭遇了市场的挫败，孤傲的乔布斯被迫在1985年9月宣布辞职，苹果公司失去了往日的荣耀，股价开始暴跌。

彼得·林奇只能用这样的方式安慰自己：“苹果股票只是我们投资上千只股票中的一只。”是的，很多投机者也是用买进更多股票的分散投资策略来规避不确定性风险。1997年，史蒂夫·乔布斯回归苹果公司，在当年8月的MacWorld大会前夕，苹果股票市值仅有25亿美元。那真是一棵不大的小树啊！在我落笔的2020年6月末，苹果公司的总市值已经高达1.56万亿美元，足足比1997年上涨了623倍。但又有几个人能自始至终地赚到那623倍呢？史蒂夫·乔布斯回归苹果，没有人能够在1997年就能准确地判断出苹果公司能够改变世界，谁又能保证投资苹果股票不出现彼得·林奇的遭遇呢？一切都充满了不确定性。

二、价值投资的核心就是寻找确定性

我曾在微信群里写下这样一段话：我和某些高市盈率投资者的区别就在，我认为：“市场情绪是无法预测的，我又是一个愚钝的人，也没有能力去预测。所以我必须控制住自己的欲望，抵御股价的诱惑。”而他们却认为：“只要具备足够的知识和灵气，市场情绪可以预测并利用。干嘛要拒绝诱惑呢？既然有足够的能力，就让我们去拥抱泡沫吧！”

抵制市场的诱惑是非常困难的。股票市场像永远充满电的钟摆，指针左右摆动，不会停止在泡沫的某个阶段。在估值 1200 亿元买进乐视网股票的投机者们，可能会享受一下估值冲上 1500 亿元的瞬间愉悦。但没有几个人会在那个位置兑现收益，大多数人甚至不会在跌回 1200 亿元的时候卖出股票。人们就是这么自以为是，就是这么愚蠢。股票市场在每个阶段都会有跑得比沃伦·巴菲特更快的投机者，他们像索罗斯一样有着敏锐的嗅觉，他们是市场的精灵。但在过去的 50 多年中，没有一个投机者在股票市场赚的钱比沃伦·巴菲特更多，没有一个人能取得伯克希尔·哈撒韦的成就，这让我感觉到这个世界冥冥之中一定存在着公平。那些投机者赚取暴利的同时，也不自觉地拥抱了风险。他们与不确定性为伍，将自己的命运一次又一次寄托于幸运的眷顾。这是跟我完全不同的价值观。

我是沃伦·巴菲特和查理·芒格的信徒，追逐的是对优质商业模式确定性的投资。我不会去博弈不确定性。这源于我内心的保守主义投资思想，更源于我要自己把握自己的命运。我宁可拥有一家一年只赚 12% 的麦当劳加盟店，也不愿意去买入“一年内可能上涨 100% 也可能下跌 50%”的股票。我已经活了 50 岁，尝过了人间的酸甜苦辣。我知道自己的每一分钱都来之不易。我怎么能让辛辛苦苦赚来的钱置于风险之中呢？我不相信这个世界有永久的幸运儿，更不会愚蠢地认为自己就是那个幸运儿。我知道："每一个麻烦都是自己找来的，每一个危险都源于内心的贪婪。"有些人因为幸运赚了大钱，但最后还会因为相信幸运输掉整个人生。

第二节 克服自以为是的基因

"相信自己"让人类在数万年的漫长历史进程中勇敢地克服了千难万阻，融在血液里的自信让我们一代一代得以繁衍到今天。自信本是非常好的品质，但人类的问题是不知道如何把握自信的尺度，古人如此，现代人更是如此。我们会把相信自己理解为相信自己可以掌控一切，把自信发展为自以为是的自大。人类认为自己就是地球的主人、宇宙的中心。我们不知道自己不知道，不知道自己不知道很多。

自以为是的基因让纸上谈兵的赵括跳进圈套，被秦人坑杀了40万赵国士兵。自以为是的基因驱使着狂热的日本人偷袭珍珠港，唤醒了美国那个工业巨人。人们有时会相信"人有多大胆，地有多大产"的人定胜天理论，并不太把自然规律放在心间。股票市场的人们更是愚蠢地期盼那些高高在上的股价可以永远都在，仿佛地心引力不存在一样。

自以为是的基因让人类付出了惨痛的代价。因为聪明和勤奋的人们可能因为过度自信而错误地认为自己可以拥有超人的才华和方法，他们因此常常为自己选择一些更困难和更具挑战性的行程。这必然增大了失败的可能性。股票市场从来不缺自以为是的自大狂，人们像雄辩家一样振振有词，像科研工作者一样喜欢解决复杂的难题。仿佛自己懂的越多赚的就一定越多。人们喜欢自己玩股票游戏，而且喜欢玩高难度的投机游戏。人们会涉足自己并不了解的新行业，草率地买进几十倍市盈率的股票。几乎所有人都认为自己一定可以在股票市场上赚到钱。

人们从不承认自己比其他投资者更不懂行，也不认为自己有把金钱委托给别人的必要。在过去的 50 多年里，确实有少数有智慧的人克服了自以为是的基因，明白把钱交给沃伦·巴菲特是发大财的最好办法。1965—2019 年，伯克希尔·哈撒韦的股价足足上涨了 2.6 万倍。但更多巴菲特的老朋友，像唐纳德·吉奥一样，并没有选择那么做。

吉奥一家是巴菲特家非常好的邻居。有一次，巴菲特的妻子苏珊去吉奥家里借一勺糖，但吉奥的妻子米基给了苏珊一整袋糖。巴菲特为了表示感谢，亲自去拜访吉奥家。他向吉奥一家提了一个建议："你为什么不拿 25000 美元入伙投资呢？"吉奥一家当时就愣住了，他们拒绝了巴菲特的好意。当巴菲特再次拜访吉奥家时，他按门铃和敲门，都无人应答。但是巴菲特发现，当时吉奥和米基就在楼上，可是屋里漆黑一片。唐纳德·吉奥当时一定在想："我并不比沃伦差多少，干嘛要把钱交给他呢？"

第三节　不做的重要性

商业进取心驱使着商业前进，也驱使着商人赔钱。我在早年做手机生意时，明白这样一个道理："如果一个月能卖 8000 部手机，千万别卖 10000 部。"谁不想把业务量做得更大一些呢？但因为追逐多卖的 2000 部手机，就必须引进新的手机供应商，向厂家反复表达自己商业进取心的好处就是让库房堆满了更多难卖的手机。为了快速回款，为了应对存货贬值压力，又不得不对很多机型降价促销，不得不放出更多的应收款，整个销售团队完全是疲于奔命。最后的财务结果也不好，可能真卖了 10000 部手机，却没赚到卖 8000 部的利润。

金融行业是远比手机行业更复杂的高杠杆行业。金融公司的进取心往往是致命的。20 世纪 90 年代前，日本寿险业为了抢夺市场份额，卖出了大量利率高达 6.25% 的储蓄保单和年金。长期国债的持续走低，加上股票市场和房地产市场的崩溃，让日本寿险业出现了严重的利差损，大量日本寿险公司因此倒闭。21 世纪，贪婪的华尔街因为向没有能力买房的穷人兜售房屋抵押贷款，更是引发了 2008 年的全球金融风暴。

沃伦·巴菲特早早就懂得“不做什么”对于一家金融公司的重要性。2000 年底，伯克希尔·哈撒韦开始陆续买进一家发生了财务问题的金融公司 FINOVA 的债权。为了保证 FINOVA 公司有能力顺利支付债务，伯克希尔·哈撒韦希望 FINOVA 投资项目得到华尔街贷款财团的支持。富国银行因为 FINOVA 投资项目的收益仅比成本高出 0.2% 而拒绝了这笔生意。要知道，伯克希尔·哈撒韦可是富国银行最大的股东啊。但沃伦·巴菲特非常满意富国银行做出的决定，他这样说：“观察一位银行家并不在于他说了什么，而在于他做了什么和没做什么。富国银行懂得不做什么，证明了它的足够优秀。”优秀的金融公司绝对不是把业务做得更大的，而是把风险控制得更好的那一家，伯克希尔·哈撒韦在 2001 年撤换了旗下通用再保险的 CEO，沃伦·巴菲特按照保守主义经营思维这样警示通用再保险的经理人们：

通用再保险过于热衷追求或保有客户，即便所有人都知道要小心谨慎地承接业务，但还是很难让有才干又肯努力的杰出经理人克制压倒竞争对手的欲望，但如果胜利的定义是争取市场占有率而非获利的话，那么麻烦就随时准备上门，**勇敢地说“不”字，**这是任何保险从业人员字典里应该必备的一个字。

对于股票投资而言，不做什么比做什么更为重要。所有的麻烦都是自己找来的，所有的亏损都源于无知和贪婪。我们像查理·芒格一样反过来想一想，怎么才能让自己在股票市场亏损得血本无归呢？或许有几个办法：

1. 买进 100 倍市盈率的股票。
2. 买进有问题的股票。
3. 买进自己不懂的股票。
4. 像赌徒一样频繁交易股票。
5. 在牛市高位买股票。
6. 在熊市底部卖股票。

当然，没有一个投资者进入股票市场的目的是让自己赔得血本无归。既然知道怎么能让自己投资失败，投资者一定记住，千万不要那样做。

第四节　不懂的不做

投资者应该明白，要把复杂的事情做简单，而不是把简单的事情搞复杂。在股票市场迎难而上绝对不是赚钱的好主意。即使我们读了十年报表，不懂的行业和公司依然比懂的多得多。投资者应该承认自己是弱者，承认市场情绪难以预测。投资者应该把钱投到了解和熟悉的行业和公司。“不懂的不做”是一种大智慧。

沃伦·巴菲特在1968年就认识英特尔公司的创始人鲍勃·诺伊斯。他喜欢诺伊斯，甚至钦佩诺伊斯，但从来没买进过英特尔的股票。1991年7月4日，沃伦·巴菲特和比尔·盖茨在华盛顿州的双桥岛第一次见面后成为忘年交。在巴菲特眼里，盖茨不仅仅是自己的朋友，更是自己第三个儿子，但他还是没有听从比尔·盖茨的建议——“买进微软公司的股票”。沃伦·巴菲特错过了他人生中最重要的两次投资机会，他从来没有为此后悔过。巴菲特承认自己看不懂英特尔和微软公司未来十年的商业前景，他不愿意去冒险。**控制风险永远比赚取利润更重要。**沃伦·巴菲特从不试图去跨越七英尺的栏杆，而是选择一英尺的必赢机会。他知道，冒险买入英特尔和微软的股票或许能取得巨大的成功，但放弃原则的后果就是不能约束风险。

第五节　集中投资

金融市场用“不能把所有的鸡蛋都放在一个篮子里”的谚语构造了现代投资组合理论。金融市场的假设是股票市场的收益和风险呈线性正相关。收益率越高风险越大，反之亦然。所以，金融院校的教授们会要求学生们学会如何构建有效投资组合。

一、股票市场真的是收益越高风险越大吗

十年前，我和李总曾坐在望京的一间咖啡厅里，他刚刚关掉

了自己在湖南长沙的手机公司，计划回到北京做公寓。我滔滔不绝地给对未来一脸茫然的李总讲着我将要开启的事业。那时候我还没有赚到一分钱，竟然就那么自信。我告诉李总："股票投资比手机生意更赚钱，而且几乎没有风险。"李总当时一定不相信我的胡言乱语，这世界上哪有既没有风险又能赚很多钱的美事呢？

是的，我这十年买过不少股票，也犯过数次错误。但就是靠着最重要的四次重仓投资就成功地将财富扩大了十倍以上，而且我真的没觉得自己承担了多大的风险。

1. 2010年买进万科A。
2. 2012—2013年买进贵州茅台。
3. 2018年四季度买进五粮液。
4. 2019年买进腾讯。

二、 集中投资降低风险

我始终认为，控制风险比获取短期收益更重要。集中投资的好处就是投资者因为押上了更重的筹码而变得更加谨慎。我们常常会听到这样的说法："我确实不太了解那只股票，但还好，我买的并不多。"人们就是这样草率对待自己感觉不重要的事情。但当要选择把身家押到少数2～3只股票上时，所有人都会马上变得谨小慎微。他们会像评估自己未来的配偶一样评估股票。人们会这样说："我还是需要在买进股票前了解清楚，不然，我的一生就完蛋了。"

分散投资不光不能分散风险，反而会扩大风险。当人们持有上百只股票的时候，根本不可能识别每只股票的风险。分散投资的拥趸者就像奥斯曼苏丹一样，既不能叫出后宫几百名嫔妃的名字，也不能记住自己每一个女人的模样，更不可能知道哪个心存恨意的女人想要杀死自己。我们干嘛非得要把投资搞得那么复杂呢？

信奉价值投资的私募基金喜欢长期投资，喜欢集中投资。这样的投资策略往往会引来基金投资人的质疑："你们公司应该扩大一下能力圈。只围着那几只股票转，我为什么要把钱交给你们呢？"那些聪明的私募基金就很擅长迎合投资人，他们会告诉投资人自己了解很多股票，他们用 PPT 演示各种新行业的不同前景，仿佛知道的越多就赚的越多一样。他们需要在客户面前体现出自己的专业性。他们也会真的用分散投资策略买进很多股票，因为买的股票越多，押中牛股的概率就越大。

那些专业机构很会用"五年十倍"的成绩单去诱惑别人。我的一个朋友曾跟我讲："我买过某知名机构的基金，他们几乎抓住了每一只大牛股，但八年间才帮我赚了 70%。"我想，那家知名机构一定买了很多只股票。那家知名机构像奥斯曼的苏丹一样，只把自己最年轻漂亮的几个切尔克斯女人带进国宴的舞会。

三、 集中投资提高收益

查理·芒格是集中投资的倡导者，他给了这样的建议："我认为在某些情况下，一个家族或者一只基金用 90% 的资产来投资一只股票，也不失为一种理性的选择。"我的朋友立群女士就很好地记住了查理·芒格的教诲，在过去的十年投资生涯中，她用家庭全部的资产只买进了一只股票，那就是贵州茅台。

分散投资不光不能降低风险，还会降低收益率。我相信，股票市场一定有太多人比立群女士更聪明，他们会为自己拥有更广的能力圈而自豪。但股票投资真的不是干的越多赚的就越多。在过去十年，集中持有某一家优质公司股票的收益率远远好过能力圈的一步步扩大（见表3-1）。

表3-1　不同持仓的收益率比较

2009—2019年十年长期持仓情况	十年复合收益率
贵州茅台100%持仓	25.70%
贵州茅台1/2+五粮液1/2	21.90%
贵州茅台1/3+五粮液1/3+燕京啤酒1/3	17.76%
贵州茅台1/4+五粮液1/4+燕京啤酒1/4+华谊兄弟1/4	15.48%

数据来源：新浪股票数据。

四、 重仓投资

在我十年投资生涯中，几乎每一天都是满仓的。现金是最不好的资产，我为什么要持有现金呢？

我会把我全部资金集中投入到少数几家优质公司的股票上。我从来没有想过要捕捉短期市场的大牛股，我没有那个灵气，也没有兴趣那么做。股票市场充满了不确定性，也充满了诱惑。股票市场每个阶段都有某只股票涨幅达5～10倍的传奇故事，人们常会充满遗憾地说：“我抓到了那只10倍股，但是我只买了5%的仓位，要是我当时敢重仓就好了。”

人们总是习惯用后视镜去总结，投机者们从来都没去好好想一想：自己对那些股票根本就没有足够的把握，如果像愣头青一样敢于重仓冒险，早就被市场吞没了。**重仓投资的好处就是利用重仓位获取最大的绝对收益。**全仓位获得100%收益率要远比10%仓位获得500%收益率赚得更多，不是这样吗？

投资中，确定性赚钱的好机会并不多，当那些千载难逢的时机出现时，投资者一定要出手更重一些。只有这样才能获得最大的绝对收益，不浪费上天赐予我们的机会。

第六节　风险比收益更重要

一、 股票市场的巨大风险

经营餐厅和买卖股票赚钱难度都非常大。人们可以很容易租个门面去经营川菜馆，但即使请到一流的厨师，炒出和眉州东坡同样味道的宫保鸡丁，也不能保证一定有客人来埋单。经营餐厅是非常系统且专业的工作，没有十数年的经验积累，很难在残酷的市场竞争中存活。股票投资更是只有少数专业人士才能掌控的高风险行业，充满偶然又充满必然，绝不是开个股票账户那么简单。

2009—2019年，上证指数从3277.14点下跌到3050.12点，深圳成指从13699.97点下跌到10430.77点。这意味着过去十年中国股市整体是亏损的。股票交易还必须缴纳税费，在过去的十年，二级市场付出了2万亿元以上的券商佣金和印花税，这让整个市场的负收益曲线继续下移。

我们听到了太多因为买卖股票妻离子散的人间悲剧，那些股票市场的失败者不仅丢掉了金钱，更赔掉了他们此生最宝贵的时光和对未来生活的希望。他们会在深夜里对着月光发呆，怎么也想不出到底是谁拿走了他们的金钱。每每写到这里，我总是一阵阵酸楚，人的一生真不该如此凄凉。我知道对于很多普通人而言，不进入股票市场可能是他们此生最大的幸运。

股票投资的风险远远大于经营实体生意，这是因为做实体生意的老板们会把生意范围限制在熟悉的行业，不自觉地用安全边际保护了自己。我问过很多做实体生意的老板："为什么要在二级市场买股票？"他们会这样回答："实体生意太难做了，只能炒炒股票了。"股票市场是依附于实体生意的股权交易市场，实体生意都不赚钱，溢价买进股票能赚钱吗？

那些做实体生意的老板固然可以通过在二级市场溢价买进优质公司的股票去替换他们平庸的生意，但人们蜂拥而至的结果，让那些优质公司的股价早已透支了未来数年的价值。看着动辄80倍以上的市盈率，我很难相信股票市场能够给本已生活艰难的人们带来什么希望。

投资股票，控制风险比获得短期收益更重要。投资者不应对具体股票标的设定收益目标，必须小心评估投资风险。一旦发现某家公司存在巨大风险，即使这家公司同样存在股价暴涨的可能性，也应该选择放弃。这就是保守主义的投资思想。我们无法预测未来，所有投资的动作都应考虑"如果最坏的可能性发生，会怎么样？"但股票市场中大多数人对此的态度却恰恰相反，人们总是喜欢幻想最好的结果，刻意回避糟糕的情况。

但不管人类如何乐观向上，现实总是非常残酷，金融投资不会因为我们美好的愿望而变得美好。股价下跌50%需要100%的上涨才能补偿，而即使是极其优秀的专业投资者，也至少需要五年的时间才能实现100%的上涨。但是只需要一个星期，投资者就可能损失掉一半的金钱。

二、致命的行为

我在沃伦·巴菲特1959年写给股东的信中找到这样一段话："我宁愿承担因为过度保守而受到的损失，也不想因为犯错而吞下恶果。"保守主义投资思想早已融入巴菲特的血液中，在60年的投资生涯中从未改变过。

持有万科的六年里，刘哥曾同情地对着持股一动不动的我说："你不能太固执，市场不是没给你机会啊！你完全可以在12元卖掉，在8元多再买回来。"是的，我完全可以选择那样做。但如果因此赔了钱，会让我不能原谅自己。如果赚了钱，更可能让我把投机炒股当成习惯，我的人生可能彻底就完了。**永远不投机炒股，永远不买进有问题的公司，永远不买进高估的股票，这都是我进入股票市场时就给自己定下的原则。**我可以接受失败，但不能忍受自己失去原则。我因此在2013年和2015年创业板的暴涨中内心没有一丝丝动摇，没有什么能诱惑一个意志坚定的投资者。

我深深地知道，对一个人最致命的一击就是用错误的方法赚了大钱。总会有投机者在股票市场的某个阶段赚得盆满钵满，但他们赚得越多，最后的结果会越凄惨。投机赚点小钱最多会让人得意忘形，但赚了大钱就可能铤而走险。惯性思维会让人们想当然地认为以前赚大钱的方法永远有效。很多人因幸运赚了大钱，但没有几个人认为那是幸运。人们就是那样自大狂妄。会押上更多的筹码甚至全部的身家，希望幸运再次眷顾自己。但并不是每一次都会那么走运，不管我们积累了多少财富，乘上“零”的结果都是回到从前。

1834 年，雅各布·利特尔成功逼空莫里斯运河公司股票的做空者，一夜之间就成了华尔街历史上最伟大的投机者。1837 年大崩溃之前，雅各布·利特尔做空伊利铁路取得巨大成功，他每一次投机冒险都能收获巨大财富和整个华尔街的妒忌。尽管在此期间曾三次破产，但每一次他都能够从破产的阴霾中幸运地走出来。在 1857 年的金融危机中，雅各布·利特尔因无法偿还债务第四次也是最后一次破产，华尔街的不死鸟彻底死掉了。

对于投资者而言，历史的教训历历在目。控制风险永远比获取短期收益更重要。**我们的每一个投资决定，都不仅仅是为了未来几年能赚多少钱，而是为了不管在什么情况下，永远不能丢失掉我们的本钱。**那些钱是我们辛辛苦苦赚来的，保护着家庭的安全，更承载着我们对未来生活的希望，我们理应善待那些钱。为了多赚那么一点点，就将我们的本钱置于危险之中是非常愚蠢的。

第四章
估值的标尺

巴菲特说过："投资只需要做好两件事，给企业估值和利用市场情绪。"股票价格短期受市场情绪影响，长期必然是由内在价值决定的。每一只股票背后都有一家实实在在的公司，**这家公司的内在价值由其可持续的盈利能力和可清算的账面资产价值决定。**投资者与投机者的区别在于：投资者以内在价值为锚，而投机者以股价为锚。估值的标尺是测量内在价值而非预测股价的工具。

第一节　川菜馆的估值分析

经商20多年的佟总约我到办公室，他这样跟我说："我想买些股票，你帮我出出主意吧。"我告诉他："佟总，股票投资说难也不难，你首先要懂估值，然后要有耐心……"我的话还没有说完，佟总摇着脑袋说："可我不懂估值啊。"

我大声地说："佟总，你懂啊！你做了20多年的生意，怎么可能不懂估值呢？如果你希望买下楼下的川菜馆，看了如下的一组数据（见表4-1），就肯定就知道这家川菜馆值多少钱了！"

表4-1　川菜馆的财务数据　（单位：万元）

年　份	净 利 润	账面资产内容	账面资产余额
2008年	51	现金	100
2009年	51	固定资产（设备）	200
2010年	47	房租	100
2011年	49	装修	100
2012年	52	负债	0
2013年	48		

（续）

年　　份	净　利　润	账面资产内容	账面资产余额
2014 年	50		
2015 年	52		
2016 年	49		
2017 年	51		
10 年净利润合计	500		
年均净利润	50	账面资产余额合计	500

我们可以清晰地看到，这家川菜馆的净利润还是非常稳定的，股东年均获利 50 万元，相当于每年的净资产回报率为 10%。我认为 10 年总净利润 500 万元就应该是这家川菜馆的内在价值。

我想，精明的佟总不会愚蠢地用 2500 万元买下这家年均盈利 50 万元的川菜馆。他一定非常清楚地知道，那 500 万元的账面资产是有些水分的，如果马上清算，佟总不可能拿回 500 万元现金。所以，佟总一定会为自己留出满意的安全边际，他可能只愿意花 300 万至 400 万元盘下这家川菜馆。

第二节　估值的标尺是什么

我认为，“一家公司的内在价值就是这家公司未来 10 年可以为股东创造的税后净利润总和（$V=\sum_{n=1}^{10}P_n$）”。

一、　我对估值的理解

在我眼里，一家公司的内在价值是就是其未来 10 年为股东创造的税后净利润总和。为什么是10年呢？

我是基于实体公司的实际回报情况提出了“10年”的尺度。经济景气时，全美工商业企业的平均净资产回报率可能会小幅超过13%；经济衰落时，下降到11%左右。就几十年的大周期看，全美工商业企业平均净资产收益率在12%附近波动。这意味着美国公司的股东平均回收买入成本的时间是8～9年。中国公司的平均净资产收益率水平略低于美国公司。我们上市公司整体净资产收益率常年在10%上下波动。这意味着，如果我们用1倍市净率买进沪深指数的所有公司，股东平均回收成本的时间大概就在10年左右。

投资就是生意。股票的长期持有者和各行各业实体公司老板没有本质区别。既然是生意，我们就理所应当地用生意的角度思考问题，如果我们在深圳创建一家手机加工厂，我们需要先投入很大的一笔资金，去购置厂房和设备，去招聘工人，我们不可能期望明天就拿回投入的成本，那怎么都需要很长的一段时间。当然，我们不可能把五年收回投入成本确定为企业合理内在价值的中枢，因为那意味着未来五年的复利回报率高达15%或者单利收益率为20%，只有极少数非常优秀的基金经理才能在长达10～20年的时间里做到这么高的收益率。

这个数字也是我本人投资生涯长期追逐的目标。我当然也不能接受15～20年收回成本作为内在价值的评估中枢，因为对长期投资一单生意而言，投资人承担了巨大的风险，理应获得相对合理的回报率。15～20年回收成本对应投资复合收益率为3.53%～4.73%，投资者显然不能接受这么低的回报率。所以说，从生意人追逐的合理回报的时长计算，“10年”应该是比较公平的时间。

二、 市场利率的影响

以10年期国债收益率为代表的市场利率显然影响所有证券的内在价值。所以，计算内在价值回收成本的时间应该跟随市场利率波动。比如，如果10年期国债收益率过高，可能9年是比较合适的时间。但如果10年期国债收益率过低，内在价值的计算可能选择11年就比较合适。但到底是取9年还是11年？或者10.5年呢？那就需要一个更为复杂的数学公式。

我很赞成查理·芒格的说法："投资不是数学计算，而是哲学考量。"我们对企业内在价值的评估不追求绝对的精确，也没有绝对的精确。我们需要的是一把便于计算的标尺，所以忽略市场利率的影响因素去取**中位数10年**来计算企业的内在价值也不失为一种简易可行的方法。

三、 估值标尺模型

表4-2是估值标尺模型，其中的复合增长率按匀速假设。

表4-2　估值标尺模型

10年复合增长率	0%	5%	10%	15%	20%
第1年	1	1	1	1	1
第2年	1	1.05	1.10	1.15	1.20
第3年	1	1.10	1.21	1.32	1.44
第4年	1	1.16	1.33	1.52	1.73

（续）

10年复合增长率	0%	5%	10%	15%	20%
第5年	1	1.22	1.46	1.75	2.07
第6年	1	1.28	1.61	2.01	2.49
第7年	1	1.34	1.77	2.31	2.99
第8年	1	1.41	1.95	2.66	3.58
第9年	1	1.48	2.14	3.06	4.30
第10年	1	1.55	2.36	3.52	5.16
第11年	1	1.63	2.59	4.05	6.19
内在价值	10	13.21	17.53	23.35	31.15

四、 估值标尺模型的说明

1. 一家在未来十年盈利能力几乎没有变化的公司，其内在价值 V 相当于未来十年平均税后净利润 $\bar{p}$的 10 倍。$V = 10\bar{p}$。

2. 一家公司在未来十年税后净利润保持复合增长 s%，这家公司的内在价值为：

$$V = \sum_{n=1}^{10} P(1+s\%)^n$$

$$V = p_0(1+s\%) + p_0(1+s\%)^2 + p_0(1+s\%)^3 + \cdots + p_0(1+s\%)^{10}$$

我按税后净利润复合均速增长设计了估值标尺模型。但要知道，公司现实中的净利润变化曲线不可能是匀速的。为了便于计算，我认为可以按匀速估算一家公司的内在价值。

例如：一家净利润保持十年复合增长 5% 的小型中药公司的

合理市盈率就应该在13.21倍左右。这意味着您用13.21倍买进这家小型中药公司股票，这个生意回收成本的时间正好是10年左右。这也意味静态市盈率13.21倍的小型中药公司的动态市盈率只有10倍。

如果我们找到了一家品质极其优质的公司，其未来10年净利润的复合增长率高达25%，这家公司现在的内在价值就应该在市盈率41.57倍左右。投资过程中，我会动态跟踪投资标的公司的经营情况，逐年动态调整增长率s%的数值。

五、 真实的净利润

估值的标尺中的税后净利润并不是公司报表税后净利润，而是“真实的净利润”。

我自己经营的公司不会把费用资本化，有哪个私营企业的老板愿意自己骗自己呢？但是上市公司就不一样了，上市公司完全可以把装修费计入资产负债表的长期待摊费用项，将部分员工的薪金计入开发支出再转入无形资产项，购置的桌椅、电脑计入固定资产项。房地产企业还会将应该支付的银行利息计入存货成本。这样处理财务报表并不违反法律法规的规定。上市公司还会通过调整资产负债表中存货、应收款、预收款等项目余额调节税前利润，并通过加大一次性处置子公司或买卖金融资产获得一次性收益等非经常性损益粉饰税后净利润。

投资者不能拿着上市公司交给我们的税后净利润使用估值的标尺。我们需要评估出真实的净利润。在很多情况下，**自由现金流更贴近于“估值的标尺”中的“真实的净利润”。**自由现金流等于税后净利润加上折旧、摊销等非现金支出再减去维持性增量营运资本支出和维持性资本支出。

第三节　估值案例1：复盘1972年喜诗糖果的内在价值

我们已经在第一章中清楚地看到喜诗糖果1972—1983年销售额和税后净利润的数据，我认为喜诗糖果报表净利润接近于真实的净利润（见表4-3）。

表4-3　喜诗糖果1972—1983年数据

（单位：千美元）

年　份		销售额	净利润
1972年		31337	2083
1973年		35050	1940
1974年		41248	3021
1975年		50492	5132
1976年	53周	56333	5569
1977年		62886	6154
1978年		73653	6178
1979年		87314	6330
1980年		97715	7547
1981年		112578	10779
1982年		123662	11875
1983年	53周	133531	13699
1973—1982年复合增长		14.71%	19.01%
1973—1982年合计		740931	64525
1973—1978年合计		319662	27994

数据来源：巴菲特致股东的信。

1973—1982 年喜诗糖果销售额总计 74093.1 万美元，税后净利润总计 6452.5 万美元。根据估值的标尺，我认为 1972 年末，喜诗糖果的内在价值就应该是 6452.5 万美元。内在价值对应 1972 年喜诗糖果税后净利润 208.3 万美元的静态市盈率高达 30.98 倍，但实际的动态市盈率只有 10 倍。不是这样吗？沃伦·巴菲特和查理·芒格只用了 10 年就回收了 6452.5 万美元的净利润。

1972 年，哈里给喜诗糖果的开价是 3000 万美元。而吝啬的沃伦·巴菲特和查理·芒格只愿意出 2500 万美元购买，幸亏他们碰上了无心继续经营喜诗糖果的花花公子哈里。查理·芒格曾经风趣地回忆："如果喜诗糖果在我们收购的时候再多要 10 万美元，沃伦和我就走开了，我们那时就是那么蠢。"收购喜诗糖果后的前六年（1973—1978 年），喜诗糖果就贡献了 2799.4 万美元的税后净利润，完全覆盖了 2500 万美元的买入成本。我们复盘看，相对于 6452.5 万美元的内在价值，沃伦·巴菲特和查理·芒格用了不到 0.39 倍的折扣就从哈里手中买下了喜诗糖果。

当然，我们不可能在 1972 年准确地判断出喜诗糖果未来十年中每一年的销售额和税后净利润。没有谁能把投资预测得那样准确，那是上帝才知道的事情。但假如我们重新回到 1972 年，是不是能相对准确地从哈里手中抓住喜诗糖果的投资机会呢？

我们在 1972 年投资前最好先看看喜诗糖果 1962—1972 年的销售额和税后净利润，还要看看销售量和零售店面扩张情况。然后需要对喜诗糖果的品牌护城河和客户黏性进行周详的评估。最后我们可能得出如下几个结论：

1. 喜诗糖果的单店收入可能以 1%～2% 的低速增长。

2. 喜诗糖果店面扩张速度可能在2%左右，这使得糖果生意总销售量增速可能达到3%~4%。

3. 喜诗糖果具备每年提价10%的能力。消费者不会因为每年贵了10%而放弃喜诗糖果的口味，这就使得喜诗糖果在未来十年的销售额可以保持13%~14%的增长。

4. 精明的沃伦·巴菲特和查理·芒格在收购喜诗糖果后，绝对不会像哈里一样给漂亮的女孩们免费赠送糖果，他们一定会想尽办法压缩费用进而提高运营效率。喜诗糖果的税后净利润增速在未来十年可能达到18%~20%。

好了，所有分析都完成了。让我们用估值的标尺来测量一下喜诗糖果的内在价值吧！一家未来十年税后净利润保持18%~20%均速复合增长的公司，合理市盈率是多少呢？

27.76~31.15倍市盈率就是1972年末我预判喜诗糖果合理的内在价值，对应估值为5782.41万至6488.55万美元。当然，我们需要为自己购买这家企业留下足够的安全边际，我认为喜诗糖果这种高品质的公司值得我们付出九年净利润总和的买价，18%~20%净利润均速复合增长九年对应的市盈率为22.52~24.96倍，相当于我们可以接受喜诗糖果4690.92万至5199.17万美元的售价。

天哪！沃伦·巴菲特和查理·芒格真是两个又聪明又幸运的家伙！他们竟然在1972年只付出了2500万美元就买下了喜诗糖果！

第四节　估值案例2：复盘2007年贵州茅台的内在价值

回到2007年末，我们看看当时贵州茅台的内在价值是多少。

我认为贵州茅台的报表税后净利润接近于真实的净利润。贵州茅台在过去五六十年中，营业收入保持25%～30%复合增长，驱动营业收入高速增长的两个动力源是产销量和出厂价的提升。我们姑且不讨论贵州茅台商业模式的定性分析，假设投资者在2007年已经对贵州茅台进行了周详的定量分析和定性考量。不难得出一个结论：2007—2017年贵州茅台的净利润复合增长率应该在25%左右，于是我评估了2007年末贵州茅台的内在价值（见表4-4）。

表4-4　2007—2017年贵州茅台净利润

（单位：亿元）

年　份	25%复利增速模型	实际税后净利润
2007年	29.66	29.66
2008年	37.08	38
2009年	46.34	43.12
2010年	57.93	50.51
2011年	72.41	87.63
2012年	90.52	133.08
2013年	113.14	151.37
2014年	141.43	153.5
2015年	176.79	155.03
2016年	220.98	167.18
2017年	276.23	270.79
2008—2017年净利润合计	1232.85	1250.21
复合增速	25%	24.75%

数据来源：巨潮资讯网。

站在2007年末时点，我认为2007—2017年复合增速保持25%的贵州茅台合理的内在价值为1232.85亿元，对应2007年29.66亿元净利润的静态市盈率为41.57倍。如果贵州茅台真的保持25%的复合均速增长至2017年，我们只用10年就可以收回2007年末1232.85亿元的全部买入成本，也就是说，2007年末41.57倍静态市盈率对应的动态市盈率只有10倍。

实际情况怎么样呢?

2007—2017年，贵州茅台净利润从29.66亿元增长至270.79亿元，复合增长率为24.75%。接近我判断的25%。2008—2017年，贵州茅台为上市公司股东贡献税后净利润合计1250.21亿元。贵州茅台在2007年末的收盘市值为2095.24亿元，对应29.66亿元净利润的静态市盈率为70.64倍。这意味着2007—2017年贵州茅台税后净利润必须保证至少34%的增速，才能支撑70.64倍估值。市场显然在2007年的大牛市中高估这家公司的能力了。

第五节　格雷厄姆的成长股估值模型

本杰明·格雷厄姆对成长型公司提出过自己的估值模型。他认为一家成长型公司的合理市盈率=利润增长率×2+8.5。我对格雷厄姆的估值公式提出两个疑问：

1. 格雷厄姆提出的增长率到底是一年利润的增速还是十年利润的复合增速?

2. 格雷厄姆的估值标准是否留有足够的买入安全边际?

如果一家公司净利润保持三年25%复合增速且在此后不再

增长，其十年净利润复合增速只有6.91%。这和保持十年25%复合增速完全不是一个概念。我更看重十年净利润的复合增长速度。同时，按格雷厄姆的估值模型，一家公司即使仅保持10%增长1~2年，其合理估值也有28.5倍。我认为，这个标准缺少买入股票的安全边际。估值的标尺中保持十年复利增速10%的公司其内在价值应该是17.53倍市盈率，远远低于格雷厄姆的评估标准。

应该说，本杰明·格雷厄姆关于“市场先生”的比喻是绝世的经典之笔，1000年都不落伍。但格雷厄姆的成长股估值模型就过于简单和粗糙了。

第六节　彼得·林奇的PEG指标

高市盈率不一定代表高估值，低市盈率也不一定说明股价便宜。投资者使用静态市盈率估值可能存在很大问题。彼得·林奇的PEG指标前进了一步，动态观测企业估值，因此备受成长股投资者追捧。在股票市场中，对股票未来1~3年的PEG动态评估要远远好过紧盯当期市盈率的静态评估。

PEG可以表述为PE/G。PE代表当期的静态市盈率，G代表未来1~3年的税后净利润增速。当PEG=1时，股价被认为合理；当PEG<1时，股价被低估；当PEG>1时，则表示股价被高估。但PEG估值方法有两大逻辑瑕疵：

1. PEG指标的报表净利润不是我们要求的真实净利润（也就是自由现金流）。

2. PEG指标中净利润1~3年增速与10年复合增速不是一

个概念。

PEG 并不是测量股票内在价值的模型，其本质还是投机者利用上市公司短期净利润增速去博弈市场的情绪波动。人们认为只要明年的净利润增速达到 50%，40 倍市盈率买进股票就没有问题。使用 PEG 模型的人们并不会关心标的公司的真正价值，也不在意每笔投资的利润回收情况，更没有考虑 50% 的净利润增速是否可以持续，甚至没有去评估计算 PEG 的净利润基数是否存在水分。

PEG 是投机者博弈成长股情绪的模型，PEG 观测的时间维度是 1 ~ 3 年。估值的标尺是基于“投资就是生意”测量企业内在价值的模型，估值的标尺测量的时间维度是 10 年。

第七节　巴菲特对估值的定义

巴菲特认为：“一家企业的内在价值就是这家企业存续期内自由现金流贴现值的总和。”

我认为，奥马哈先知给出的是评估企业内在价值的终极答案。但巴菲特的方法却让我对股票的内在价值难以计算，我真的不知道招商银行的存续期是 50 年还是 150 年，风险贴现率也应根据长期利率的变化而调整。查理 · 芒格曾风趣地说过：“我从没见沃伦计算过那个东西。”

所以我认为：“一家公司的内在价值就是其未来十年可以为股东创造的税后净利润总和”。估值的标尺虽不能绝对精准反映一家公司的内在价值，但不失是一种模糊正确的可操作估值方法。我也会为自己买入股票留出严格的安全边际，这样可能会放过一些投资机会，但保证了我们持仓的足够安全。

第八节　贵州茅台自由现金流贴现的三种假设

我非常同意段永平先生的说法："自由现金流贴现是一种思维方式而不是一种算法，不要试图用计算器去算出来。"高端白酒生意是相对稳定的商业模式，但使用不同自由现金流贴现的假设数值，计算出来贵州茅台的内在价值大相径庭。让我们看看三种假设数值计算出来的结果吧！

一、 假设1

假设2020年税后净利润为490亿元，2020—2030年净利润复合增长率为10%，2031年以后永续增长率为3%，风险贴现率为10%。

根据假设1，可以计算出贵州茅台2020年末内在价值为11455亿元。我想不出茅台2031年后永续增长3%有什么不合理。如果茅台能够做到2031年后永续增长3%的假设，100年后的净利润将达到1.82万亿元左右。茅台公布了2018年三季报后股价暴跌。我估计食品饮料分析师一定像假设1一样，在2018年四季度调低了自由现金流贴现的各种假设，基金经理们竟然将贵州茅台的市值最低抛售到6394亿元。想想2018年11月后的短短21个月，还是这些人开始大谈2.2万亿元茅台的商业价值，真是让人哭笑不得（见表4-5）。

表 4-5　贵州茅台自由现金流假设 1

（单位：亿元）

年份	净利润增速	自由现金流公式	自由现金流	风险贴现率	自由现金流贴现公式	自由现金流现值
2021 年	10%	490×1.1	539	10%	$539/(1+10\%)$	490
2022 年	10%	539×1.1	593	10%	$593/(1+10\%)^{2}$	490
2023 年	10%	593×1.1	652	10%	$652/(1+10\%)^{3}$	490
2024 年	10%	652×1.1	717	10%	$717/(1+10\%)^{4}$	490
2025 年	10%	717×1.1	789	10%	$789/(1+10\%)^{5}$	490
2026 年	10%	789×1.1	868	10%	$868/(1+10\%)^{6}$	490
2027 年	10%	868×1.1	955	10%	$955/(1+10\%)^{7}$	490
2028 年	10%	955×1.1	1050	10%	$1050/(1+10\%)^{8}$	490
2029 年	10%	1050×1.1	1155	10%	$1151/(1+10\%)^{9}$	490
2030 年	10%	1155×1.1	1271	10%	$1271/(1+10\%)^{10}$	490
2031 年以后	3%	1271×1.03/(10%−3%)	18702	10%	$18702/(1+10\%)^{11}$	6555
2020 年末内在价值						11455

二、　假设 2

以贵州茅台 2020 年 490 亿元净利润为基数，假设 2020—2030 年净利润复合增长率为 15%，2031 年以后永续增长率为 5%，风险贴现率为 10%。

基金经理们很容易根据假设 2 计算出 2020 年末贵州茅台的内在价值为 2.09 万亿元，而 2019 年末贵州茅台的收盘市值只有不到

1.49 万亿元，2020 年的股价上涨是那么合情合理（见表 4-6）。

表 4-6　贵州茅台自由现金流假设 2

（单位：亿元）

年份	净利润增速	自由现金流公式	自由现金流	风险贴现率	自由现金流贴现公式	自由现金流现值
2021 年	15%	490×1.15	564	10%	564/(1+10%)	513
2022 年	15%	564×1.15	648	10%	$648/(1+10\%)^2$	536
2023 年	15%	648×1.15	745	10%	$745/(1+10\%)^3$	560
2024 年	15%	745×1.15	857	10%	$857/(1+10\%)^4$	585
2025 年	15%	857×1.15	986	10%	$986/(1+10\%)^5$	612
2026 年	15%	986×1.15	1133	10%	$1133/(1+10\%)^6$	640
2027 年	15%	1133×1.15	1303	10%	$1303/(1+10\%)^7$	669
2028 年	15%	1303×1.15	1499	10%	$1499/(1+10\%)^8$	699
2029 年	15%	1499×1.15	1724	10%	$1724/(1+10\%)^9$	731
2030 年	15%	1724×1.15	1982	10%	$1982/(1+10\%)^{10}$	764
2031 年以后	5%	1982×1.05/(10%−5%)	41622	10%	$41622/(1+10\%)^{11}$	14588
2020 年末内在价值						20897

三、 假设 3

以贵州茅台 2020 年 490 亿元净利润为基数，假设 2020—2030 年净利润复合增长率为 15%，2031 年以后永续增长率为 5%，风险贴现率为 7%。

2020 年末贵州茅台的内在价值竟高达 5.69 万亿元。想想都让人热血沸腾！但风险贴现率到底应该选择 10% 还是 7%？似乎都有道理。在基金经理和行业研究员们情绪乐观的时候，就会配有乐观的假设数字，贵州茅台怎么计算都便宜，怎么计算都是买点。

这应该是2020年以贵州茅台和恒瑞医药为代表的中国漂亮50泡沫形成的重要原因。但人的情绪是很善变的，当基金经理和行业研究员变得悲观时，他们会重新设定计算公式的假设，并配以悲观的数值。而那些没有信仰但像收集邮票一样的投资者又会在股价低迷时抛弃“买入并持有”的策略，雪崩往往就是这样在不经意中发生了（见表4-7）。

表4-7　贵州茅台自由现金流假设3

（单位：亿元）

年份	净利润增速	自由现金流公式	自由现金流	风险贴现率	自由现金流贴现公式	自由现金流现值
2021年	15%	490×1.15	564	7%	564/(1+7%)	527
2022年	15%	564×1.15	648	7%	$648/(1+7\%)^2$	566
2023年	15%	648×1.15	745	7%	$745/(1+7\%)^3$	608
2024年	15%	745×1.15	857	7%	$857/(1+7\%)^4$	654
2025年	15%	857×1.15	986	7%	$986/(1+7\%)^5$	703
2026年	15%	986×1.15	1133	7%	$1133/(1+7\%)^6$	755
2027年	15%	1133×1.15	1303	7%	$1303/(1+7\%)^7$	811
2028年	15%	1303×1.15	1499	7%	$1499/(1+7\%)^8$	872
2029年	15%	1499×1.15	1724	7%	$1724/(1+7\%)^9$	938
2030年	15%	1724×1.15	1982	7%	$1982/(1+7\%)^{10}$	1008
2031年以后	5%	1982×1.05/(7%−5%)	104055	7%	$104055/(1+7\%)^{11}$	49436
2020年末内在价值						56878

我们只是将假设2中的风险贴现率10%调成了假设3中的7%，贵州茅台的内在价值就从20897亿元变成了56878亿元。我真的想不出计算自由现金流贴现有什么用。

第九节 自由现金流贴现公式的问题

使用自由现金流贴现公式（DCF）计算企业内在价值肯定是精准的。但这个公式是无法计算的。问题并不出在自由现金流贴现公式本身，而是金融行业在公式中拍着脑袋设定的各种“假设”上。

一、 假设永续增长

这个世界上有谁见过永续的企业？有谁见过永续增长的企业？如果你告诉我刚刚买进了一家成吉思汗时期公司的股票，我真的不知道该说些什么了。

二、 风险贴现率

金融行业习惯使用10%作为未来自由现金流的风险贴现率。但谁也无法说得清楚为什么使用10%。在长期国债收益率为7%~8%时，使用10%甚至更高的风险贴现率是合理的。但当长期国债收益率下降至3%时，风险贴现率设定为7%似乎比10%更为合理。但其他同样假设不变的情况下，风险贴现率为7%和10%计算出的内在价值相差十万八千里。

三、 10~40年业绩假设

虽然永续企业100年以后自由现金流现值几乎可以忽略不

计。按上文**假设 2** 的情况（以 2020 年贵州茅台税后净利润 490 亿元为基数，2020—2030 年净利润复合增长率为 15%，2031 年以后永续增长率为 5%、风险贴现率为 10%），100 年以后的 2120 年，贵州茅台自由现金流 160033.42 亿元的现值只有 11.61 亿元。似乎我用"100 年以后的假设只有 100 年以后的人才知道"来批评金融院校的书生气过于刻薄尖酸了。

按**假设 2** 的情况，前 10 年产生的自由现金流贴现 6309 亿元占总现金流贴现 20897 亿元的 30.19%，第二个 10 年自由现金流贴现 5969 亿元占 28.56%，第三个 10 年自由现金流贴现 3747 亿元占 17.93%，第四个 10 年自由现金流贴现 2355 亿元占 11.27%。

也就是说第 20 ~40 年的 30 年间自由现金流现值合计 12071 亿元占 57.76%。投资者真能说清楚未来 10 ~40 年的事情吗？

估值的标尺与自由现金流贴现最大的区别是估值的标尺放弃了对未来 10 年以后的业绩预测。这成为估值的标尺测量内在价值不够精确的最大**"漏洞"**。估值的标尺将测量内在价值的时间段放在 10 年以内，忽略了 10 年以后优质公司的继续成长。但显然，一家保持 20 年净利润复合增速 20% 的公司，远比另一家保持 10 年净利润复合增速 20% 的公司拥有更大的商业价值。

第十节　估值的标尺和自由现金流贴现公式的比较

以贵州茅台 2020 年 490 亿元税后净利润为基数，我们看看估值的标尺和自由现金流贴现在不同假设情况下计算出的 2020 年贵州茅台内在价值（见表 4-8）。

表 4-8 贵州茅台自由现金流假设和估值的标尺比较

测量标尺	假设	内在价值
估值的标尺假设 1	未来 10 年净利润复合增长率为 10%，给予 17.53 倍市盈率	8589.7 亿元
估值的标尺假设 2	未来 10 年净利润复合增长率为 15%，给予 23.35 倍市盈率	11441.5 亿元
现金流贴现假设 1	未来 10 年净利润复合增长率为 10%，以后永续增长率为 3%，风险贴现率为 10%	11455 亿元
现金流贴现假设 2	未来 10 年净利润复合增长率为 15%，以后永续增长率为 5%，风险贴现率为 10%	20897 亿元
现金流贴现假设 3	未来 10 年净利润复合增长率为 15%，以后永续增长率为 5%，风险贴现率为 7%	56878 亿元

第十一节 估值的标尺是模糊的标尺

在金融人士们看来，估值的标尺有两个重大缺陷：

1. 净利润不需要贴现吗？

2. 十年后的净利润没有价值吗？

估值的标尺有意放弃了十年以后的净利润预测，用十年税后净利润原值总和而非贴现后的现值总和去计算内在价值。这是基于生意的思维，那些私营企业的老板们会不懂得什么是利润原值？什么又是利润现值？他们会很自然地评估一笔生意是否值得投资。他们会这样说：“别跟我说得太多，我就看未来十年这个生意能为我赚多少钱？”

自由现金流贴现公式（DCF）是计算企业内在价值的标准答案。但为标准答案设定的假设数值非常不严谨，不同假设数值计算出的企业内在价值的结果相差甚远。估值的标尺是一把模糊的标尺。但估值的标尺诚实地承认很少有人说得清楚10年以后的事情。估值的标尺把自己观测企业的时间放在10年以内，用自己“模糊的精确”避免“精确的错误”。

第十二节　清算价值

我提出了一个估值的标尺的讨论题目：“按照估值的标尺，一家公司的内在价值相当于该公司未来十年为股东创造税后净利润的总和。”但如果这是一家经营不善的公司，未来十年可能不赚钱甚至亏钱，那么它的内在价值是多少呢？比如说，一家未来十年税后净利润总和为零的公司，其内在价值就应该是零吗？

一、我的观点

在市场化状态下，每一家公司都有其清算价值。如果股东们觉得关掉公司获得的权益比继续经营更划算，当然可以选择随时清算公司。我在2011年彻底关掉自己经营七年的手机公司也是基于简单的财务考虑。所以，即使是亏损的企业，只要存在清算资产并且可以市场化清算，都是有其内在价值的。比如说，一家清算资产为500亿元的亏损企业，虽然其未来十年肯定会因糟糕的生意模式亏钱，但只要马上清算，股东就可以干干净净地拿回500亿元的现金。

这家公司目前的内在价值就是其现在的清算价值500亿元，但如果这家清算资产为500亿元的公司选择十年后清算。而且未来十年又将产生新的亏损合计200亿元。那么股东不光失去了

200 亿元的股东权益，更损失了整整十年的时间。股东在十年后剩余的清算资产仅剩 300 亿元。我们按 7.18% 的贴现率计算，这家企业在 2019 年末的内在价值应该为 149.96 亿元。

如果这是一家持续亏损且股东永远无法市场化清算的企业，即使其目前账面上有 500 亿元的清算资产，其内在价值也是接近于零。**不能清算的清算资产哪里还是什么清算资产啊！**

道理其实很简单，分配给您一堆现值 100 万的现金，但这堆现金每年都会因某种原因损耗一部分。如果这堆现金永远不允许被取出，谁会对这堆不断缩减价值的现金感一点兴趣呢？很多人想不明白一个问题："那家大型的国有企业，虽然是年年亏损，但也总不至于长期以 0.6～0.8 倍 PB 去交易吧？"我想，答案就在我们今天的"讨论题目"里。

二、 为什么计算清算资产的贴现率选择 7.18%

假设我们在十年前投资 100 万元开了一家广告公司，这家公司在过去的十年里为我们合计赚了 100 万元。十年前我们刚刚开业时，这家公司的内在价值是 100 万元（估值的标尺）。十年后这家广告公司清算，股东可以拿回 200 万元，在过去十年获得了 7.18% 的复合收益率。

我在前文解释过为什么用十年作为评估企业内在价值的标尺。有如下三个原因：

1. 全美工商业企业平均净资产收益率常年以 12% 为横轴上下波动。

2. 中国 A 股上市公司平均净资产收益率常年以 10% 为横轴

上下波动。

3. 10 年回本的概念相当于年复利收益率为 7.18%。

常年保持年化 15% 的复合收益率是专业投资者的标准，6% ~8% 的复合收益率应该是普通人的合理投资回报区间（美国股票市场 30 ~50 年的长期投资回报率就在 6% ~8% 的区间)，7.18% 也正好位于 6% ~8% 之间的位置。

当然，每个人有不同的估值标准和风险偏好，股票市场的整体估值也会随着长期国债收益率的变化而变化。投资者也可以选择 9 年或者 11 年作为“估值艺术”的标尺，对应的贴现率为 6.5% ~8.01%。估值的标尺本身并不是对企业内在价值的精准计算，而是为了便于操作设计的模糊标尺。

三、 为什么不使用报表中股东权益去计算清算价值

大家一定会问：“为什么不使用报表中的股东权益计算清算价值呢?”

我自己办公司时，会把购买的 20 多部电脑的价值一次性清零计入费用。事实上，我确实在关公司时把所有的电脑都送人了。我不会自己骗自己，在账面资产上记上电脑的账面价值。我们公司每个月还会把手机库存计提跌价损失 10%，如果一部进价为 1000 元的手机五个月没卖出去，我们的账面记账就剩下 500 元了。即使是这么严格的计提方法，在关公司清货时我们的存货也损失了不少钱。我想，我们公司账面资产的含金量应远远好过 99% 的 A 股上市公司。

股东权益在理论上本就是清算资产，但股东真正能拿到的清

算资产一般都远远小于股东权益。比如说，一家需要马上清算的川菜馆股东权益可能是 500 万元，但这里面只有 100 万元现金，剩下的 400 万元可能包括厨房设备、桌椅、电脑、租金和装修摊销等。想想股东清算这家川菜馆时真正能拿回多少钱吧。

上市公司资产负债表中的权益和利润表中的利润同样可能存在水分。为了过滤掉股东权益中的水分，本杰明·格雷厄姆提出了营运资产概念（营运资产 = 流动资产 − 总负债）。但营运资产也不能真正反映清算资产，因为流动资产中的应收款和存货都有减值可能，而非流动资产中的长期投资或者可供出售金融资产可能含金量又很高。清算资产应该如何计算呢？我想，需要专业评估，更需要保守主义投资思想。

第十三节　估值案例 3：0.4 倍 PB 的中国中铁估值低吗

我们用估值的标尺去测量中国中铁。如果这家公司未来 10 年可以保持 4% ~6% 的盈利增速，那么中国中铁应该值 12.49 ~ 13.97 倍市盈率，对应 2019 年的 236.78 亿元净利润，这家公司的内在价值应该在 2957.38 亿至 3307.82 亿元。但 A 股投资者只给了 1300 亿元左右的估值。H 股市场更是在 2020 年 3 月份给出了 847.7 亿港元的低估值，相当于 2019 年末股东权益 1930.08 亿元（扣除 315.35 亿元永续债）的 0.4 倍左右。我们需要问一下自己了："问题是出在估值的标尺，还是出在股票市场，还是中国中铁本身呢？"如果是市场犯了错误，我想 847.7 亿港元应该是一次不错的投资机会吧。

我觉得资本市场给予中国中铁低估值是很有道理的。沃伦·

巴菲特认为："市场短期是投票器，长期是称重器。"我也认为："这个世界短期有时候是非理性的，长期一定是理性的，因为这个世界是有逻辑的。"

早在 2011 年，中国中铁 H 股的收盘市值就仅为当年账面资产的 0.63 倍。市场短期可能对某家公司存在偏见，但不可能长期视而不见。我想问题一定出在税后净利润和可清算资产与报表数据的差异上。打个比方，我们投资一家咨询公司，10 年合计赚了 500 万元。这 500 万元是含金量非常高的净利润，可以全部以现金形式返还给股东。而假如我们投资的东莞手机制造工厂 10 年赚了 1 亿元，但这 1 亿元并没有进入我们的口袋，而是变成了五台贴片机。在我们眼里，这 1 亿元净利润是有水分的。因为即使今天清算，可能股东只能真正收回 5000 万元。有些净利润是含金量非常高的真实净利润，而有些净利润是纸面算出来的数字。甚至 2018 年暴雷的康美药业和康得新的报表净利润完全就是虚增的净利润。

估值的标尺中的 10 年净利润指标要求的是"真实的税后净利润"。

虽然中国中铁在 2019 年为股东报表赚回 236.78 亿元，但 2019 年末，中国中铁各项应收款余额高达 2817.85 亿元（应收款 1037.12 亿元 + 合同资产 1159.29 亿元 + 其他应收款 335.88 亿元 + 长期应收款 285.56 亿元）。我们不去细看应收款明细，仅将期末各项应收款总额 2817.85 亿元计提标准上浮 2 个百分点，中国中铁的税前利润就会减少 56.36 亿元。此外，在中国中铁期末 605.59 亿元固定资产中，仅各项机器设备就高达 291.96 亿元。我相信，如果这家公司今天清算的话，那些机器设备是收不回 291.96 亿元的。我更喜欢“没有水分的净利润”而不是“报表算出来的净利润”。

本杰明·格雷厄姆提出了营运资产的概念。营运资产等于流动资产减去总负债。格雷厄姆的意思是用营运资产去测量一家公司可以变现的资产有多少。虽然中国中铁的上市公司股东在 2019 年末拥有 1930.08 亿元（扣除永续债）股东权益，但其归属于上市公司股东的营运资产却为 -912.82 亿元。其实，从 2009 年开始，这家公司的营运资产一直是负数，而且趋势越来越恶化。

2019 年末，中国中铁以 2203.28 亿元金融借款和 3666.02 亿元各项应付款支撑着其庞大的资产负债表，这家公司的总资产已经突破 1 万亿元。2019 年的 236.78 亿元净利润就是通过这些巨额的应收款和应付款之间的加加减减计算出来的。虽然中国中铁不可能被市场化清算，但如果真的清算的话，二级市场的股东真的可以拿回 1930.08 亿元现金么？

第十四节　有效的估值技巧

从经济学角度讲，每个人、每家公司都有其商业的内在价值。下面，我们通过如何为一个人去估值，来看看有效的估值技巧。

王先生、李女士和张先生今年都是 30 岁。三个人手中的资产都是流动性非常不错的现金、股票和房产，市场价值也都是 1000 万元，这三个人在 30 岁时的清算资产都是一样的。但生活总要继续，三个人的人生还有几十年的路要走，所以按 1000 万元现值为每个人估值是没有意义的。

一、 王先生

王先生赚钱的欲望比较低，他很想得开，喜欢享受当下的生活。王先生每年的生活费要花掉 80 万元左右。这主要因为他喜欢购买一些名牌的衣服，更喜欢和朋友们通宵达旦地聚会。王先生没有固定的工作，他也不打算去找工作，手里不是还有爸妈留下的 1000 万元吗？

从经济学角度讲，如果王先生今天不幸去世，他的清算价值就是 1000 万元。如果五年以后不幸去世留下了 500 万元，按 7.18% 的贴现率可以计算出王先生目前的清算价值是 353.51 万元。

但王先生身体很好，这些假设都是不成立的。他每天花天酒地过得非常快乐，唯一的麻烦就是可能十几年就会花光手里的 1000 万元。我们很难判断王先生的内在价值是多少。他就像一家持续亏损的公司一样，内在价值总是在不断缩水。如果王先生能够早一天被清算，他可能还能够给这个世界留下一点钱。

二、 李女士

李女士是一个踏踏实实过日子的年轻女人，她有一份年收入 40 万元的稳定工作。李女士很会持家，她会把家里第二套住房出租给别人，还会购买一些银行的理财产品，每年会为自己增加 80 万元的财产收入。李女士每年个人生活费支出为 20 万元．这样每年净收益为 100 万元。我估计，未来十年李女士的净收益将保持 6% ~8% 的复合增长，我认为，按照估值的标尺，李女士现在的内在价值应该在1397万至1565万元。

三、张先生

张先生是个有志青年。他没有任何不良爱好，对赚钱有着孜孜不倦的兴趣。他在10倍市盈率的位置用1000万元买进了贵州茅台的股票，用贵州茅台公司每年的现金分红支付自己的生活费用。聪明的张先生把自己和中国最优秀公司的股权捆绑了起来，变成了高端白酒公司的长期投资人。张先生的内在价值完全取决于贵州茅台公司未来十年的盈利情况。假设贵州茅台在2020—2030年的净利润能够保持13%～15%的增长，张先生目前的内在价值应该在1040.5万至1167.5万元。

第五章

定量分析与定性分析

第一节　定量分析的历史数据

对上市公司财务数据进行定量分析是股票投资的第一步。我们必须了解一家公司过去发生了什么，才能相对准确地预判这家公司未来可能的盈利能力，进而判断这家公司当下的内在价值。我们不可能看一下街边陌生人的眼神，就知道这个人的脾气秉性，更不可能预判这个人五年后面对工作和生活变迁时最可能做出的决定。认识十年的朋友姑且人心难测，更何况匆匆走过的陌生人。

不管是一个人、一家公司、一个民族还是一个国家，所有的兴衰演变都是一点一点循序渐进发生的，有前因有后果。这个世界上每一件事情都不是孤立的，看似偶然实则必然。我们必须读懂历史，才能把握当下，展望未来。古罗马最伟大的政治家和思想家马库斯·图留斯·西塞罗曾明智地说："如果你对自己出生之前的事情不了解，那么你永远都是一个无知的孩童。"

对上市公司过去数年财务数据的汇总和对已经发生重大事件的了解，就是熟悉上市公司的以往历史。每一家公司都是不一样的，优质公司必然有其内在的优秀基因，平庸公司很难从灰姑娘变成白雪公主。

第二节　一眼看出的好公司和坏公司

我们只需要看一眼表 5-1 中两家公司在 2009—2019 年的重要财务数据，就可以知道，哪一家是好公司，哪一家又是坏公司了。

表 5-1 A 公司和 B 公司数据比较

年 份	A 公司		B 公司	
	每股收益（元）	净资产收益率	每股收益（元）	净资产收益率
2009 年	0.52	8.53%	0.52	29.43%
2010 年	0.64	9.42%	0.68	27.45%
2011 年	0.68	9.34%	0.80	35.07%
2012 年	0.24	6.32%	1.05	38.97%
2013 年	0.24	5.80%	1.18	35.51%
2014 年	0.26	5.93%	1.31	28.73%
2015 年	0.21	4.64%	1.62	24.25%
2016 年	0.11	2.44%	1.70	22.93%
2017 年	0.06	1.25%	1.95	29.64%
2018 年	0.06	1.39%	2.25	31.20%
2019 年	0.08	1.75%	2.60	30.30%
复合增速	-17.07%		17.46%	
十年平均	0.258	4.83%	1.514	30.41%

A 公司虽然年年盈利，但每股收益非常不稳定，2010—2019 年平均每股收益仅 0.258 元。A 公司十年平均净资产收益率仅为 4.83%。这意味着即使二级市场用 1 倍市净率平价购买 A 公司股票也仅能获得略高于长期国债的收益率。

B 公司的每股收益从 2009 年 0.52 元增长到 2019 年 2.60 元，2009—2019 年十年复合增长速度为 17.46%。B 公司近十年平均净资产收益率高达 30.41%。如果能用 1 倍市净率平价买到 B 公司的股票，我们的人生不可能再为如何获得财富焦虑了。从每股收益和净资产收益率历史数据看，B 公司真是一个完美的生意。我太想拥有它了！只是不知道资本市场的卖价如何。

第三节　如何进行定量分析

如何进行定量分析？这是一个很大的话题，也有不少财经类图书对其有过详细的阐述。所以，我不想在本书中过多耗费笔墨。但我很愿意给大家提供一个定量分析的动态视角。我会从三个维度进行定量分析：

1. 历史发展比较维度。
2. 竞争对手比较维度。
3. 不同行业比较维度。

一、 历史发展比较维度

办公室新来了一位漂亮的女同事，我们通过几天共同工作的短暂经历就可以了解女孩的脾气秉性。但如果我们想要把她变成自己的妻子，就需要更深入了解她了。我们或者需要和女孩谈上两年浪漫的恋爱，用时间去了解她。或者可以倾听女孩的故事，用了解过去消除一见钟情的不确定性。就像投资者很难通过阅读一年的年报和财务报表就全面了解一家公司一样，定量分析必须要有历史维度。

我们只需要简单看一下表5-2中青岛啤酒三组纵向的历史数据，就基本上能了解这家公司过去十年的轨迹。这是一家低速增长的公司，营业收入在2009—2019年复合增长率为4.5%，净利润复合增长率为3.98%。股票市场长期的走势几乎和盈利能力同步，投资者十年复合回报率仅有3.29%。太低了！我的目标可是 15%。2020 年 7 月，青岛啤酒股价跟随医疗消费的确定性泡沫从年初 689 亿元暴涨 97% 至 1357. 36 亿元，对应 2019 年净利润 18. 52 亿元的估值为 73. 29 倍。用估值的标尺测量，需要青岛啤酒未来十年 33% 以上的净利润复合增速才能支撑。常识告诉我们，2020 年的股票市场太疯狂了！

表 5-2　青岛啤酒 2009—2019 年财务数据

（单位：亿元）

年　份	营业收入	税后净利润	年末收盘市值
2009 年	180. 26	12. 53	498. 65
2010 年	198. 98	15. 21	468. 53
2011 年	231. 58	17. 38	452. 31
2012 年	257. 82	17. 59	446. 64
2013 年	282. 91	19. 73	661. 31
2014 年	290. 49	19. 90	564. 45
2015 年	276. 35	17. 13	448. 53
2016 年	261. 06	10. 43	397. 73
2017 年	262. 77	12. 63	531. 34
2018 年	265. 75	14. 22	470. 95
2019 年	279. 84	18. 52	689. 00
复合增速	4. 50%	3. 98%	3. 29%

数据来源：巨潮资讯网年报数据。

二、 竞争对手比较维度

投资可以通过对同行业不同公司的比较，去评估标的公司是否值得投资。比如，我们打算投资万科，就需要了解保利地产、恒大地产、碧桂园和融创中国的经营情况。我们要买进青岛啤酒的股票，就必须了解燕京啤酒和雪花啤酒。

投资者只需要简单地横向比较青岛啤酒和燕京啤酒的税前利润率和净资产收益率，就能判断出青岛啤酒比燕京啤酒更优秀。2010—2019 年，青岛啤酒平均税前利润率为 9.26%，比燕京啤酒 6.35% 高了 2.91 个百分点。青岛啤酒净资产收益率十年平均为 11.43%，比燕京啤酒 4.83% 高了 6.6 个百分点。不需要比较过多的指标，两家啤酒公司长期的优劣一目了然（见表 5-3）。

表 5-3　青岛啤酒和燕京啤酒数据比较

年　份	税前利润率		净资产收益率	
	青岛啤酒	燕京啤酒	青岛啤酒	燕京啤酒
2010 年	10.67%	10.57%	15.83%	9.42%
2011 年	10.60%	9.79%	15.64%	9.34%
2012 年	9.63%	6.57%	14.11%	6.32%
2013 年	9.43%	7.39%	14.07%	5.80%
2014 年	9.24%	7.77%	12.93%	5.93%
2015 年	8.23%	6.70%	10.41%	4.64%
2016 年	8.13%	4.44%	6.39%	2.44%
2017 年	8.01%	3.20%	7.37%	1.25%
2018 年	8.96%	3.36%	7.91%	1.39%
2019 年	9.74%	3.68%	9.66%	1.75%
十年平均	9.26%	6.35%	11.43%	4.83%

数据来源：巨潮资讯网和新浪股票数据。

我们在分析财务报表时，有三个非常重要的指标，这三个指标肯定是越高越好，越稳定越好。如果持有一家公司 20 年以上，我们的最终收益率几乎和这家公司的长期净资产收益率趋近。我当然不愿意持有平均净资产收益率仅为4.83%的燕京啤酒。因为那意味着要达到15%收益率的目标，燕京啤酒的股票必须以0.32折卖给我。而在过去的20年里，燕京啤酒年末收盘市净率溢价在1.23～3.88波动。

1. 毛利率：代表一家公司产品的获利能力。

毛利率＝毛利润/营业收入

2. 税前利润率：代表一家公司扣除运营费用后的主营业务获利能力。

税前利润率＝税前利润/营业收入

3. 净资产收益率：代表股东回报率。

净资产收益率＝净利润/股东权益

三、 不同行业比较维度

了解更多平庸生意的目的是捕捉优秀的生意（见表5-4）。如果人们没经营过制鞋公司，也没阅读过制鞋公司的财务报告。很容易看着北京火车站来来往往的人流产生幻觉："中国有14亿人口，要是每人每年买2双鞋，这就是28亿双鞋的大市场啊！我要赶快去投资一个制鞋厂。"但读过制鞋公司星期六的财务数据后，应该会有很多人不再喜欢这个生意了。最近十年平均4.9%的净资产收益率仅仅是比长期国债收益率高了一点点。但制鞋生意却承担了购买国债所没有的应收款和存货减值的巨大风险。

表 5-4　三家公司 2009—2019 年数据比较

（单位：亿元）

	青岛啤酒	贵州茅台	星期六
2009 年净利润	12.53	43.12	1.14
2019 年净利润	18.52	412.06	1.50
净利润复合增长	3.98%	25.32%	2.78%
近十年净利润总和	162.73	1933.19	1.76
近五年平均毛利率	39.28%	91.05%	53.27%
近五年平均净利润率	5.42%	46.99%	-1.81%
近十年平均净资产收益率	11.43%	30.40%	4.90%

数据来源：巨潮资讯网。

2010—2019 年这十年间，星期六公司合计为上市公司股东赚了税后净利润 1.76 亿元（税前为 3.91 亿元），但这家公司计提应收款和存货减值损失总额高达 9.12 亿元。皮鞋不是标准化产品，星期六公司旗下每一个皮鞋品牌都拥有几十甚至上百个款式，而每个款式又分成不同的尺码，星期六的库房里一定堆满了各种样式、各种尺码的皮鞋。想想都让人头痛！

啤酒生意的标准化产品大大降低了行业的经营风险。青岛啤酒 2010—2019 年为股东总计创造了 240.22 亿元税前利润，其近十年应收款和存货计提总金额 3.77 亿元是可以承受的损失。十年平均净资产收益率为 11.43%，稍高于中国上市公司的平均收益率，现阶段啤酒生意虽谈不上太优质，但要远远好过制鞋生意。但任何行业的生命周期都是和整个宏观经济紧密相连的。

在 2010 年之前，包括啤酒、矿泉水和方便面在内的平民消费公司因为解决了那个阶段中国人的基本衣食住行需求，生意都非常兴隆。2010 年显然是一个分界点，包括啤酒行业在内的很多行业在2010年之后开始出现增长乏力的情况，这不难理解，中国人通过20~30年的发展解决了基本的消费需求后，不再渴望餐餐享用过于简单的方便面，更不会对多喝上一瓶冰镇啤酒有多么大的兴趣。富裕起来的中国中产阶层开始有了更高的消费需求，人们需要更好、更有品质的产品和服务。高端白酒显然契合了时代进步的需要。

贵州茅台和五粮液的生意一直都非常火爆，贵州茅台常年要求经销商必须提前打预付款，排队等货。贵州茅台没有应收款，放在库房里的白酒更是年年涨价。2019年之前的十年，贵州茅台合计创造了2758.22亿元税前利润，平均净资产收益率高达30.40%。在股票市场，能够有购买贵州茅台股票的权利真的是一种上帝对投资者的赏赐。

经常有人取笑我阅读平庸公司报表是浪费时间。这确实很耗费精力，但我却乐在其中。经营了七年的手机生意，让我知道被平庸生意所困的苦，只有尝到过苦涩的人才懂得甜的味道。正是因为了解了更多的平庸生意，才让我明白优秀公司股票的宝贵。这让我在市场低迷的时刻，从未动摇持有优质公司股票的坚定信念。

第四节　挤掉财务报表中的水分

我在本书第四章“估值的标尺”中强调过：估值的标尺中的税后净利润并不是公司报表净利润，而是真实的净利润。所有生意的本质都是我们先投入一笔钱再通过生意的利润赚回更多的钱。一旦股票变得可以随时交易，财务报表又成为交易股票的参考数值，会计师用笔写出来的利润自然就变成非常重要的财务指标，那些利润数字是不是真的可以装进我们口袋就另当别论了。投资者在评估企业内在价值的时候，一定要挤掉财务报表中的水分。

利润当然是评估内在价值最重要的指标。股票市场喜欢利润，喜欢有增长的利润，喜欢超预期增长的利润。大多数上市公司都有市值管理的冲动，它们会不自觉地利用规则的允许把利润做得高一些，还会迎合资本市场，尽自己所能做出人们期盼的那条倾斜向上的利润增长曲线。

一、华谊兄弟：2013 年创业板的明星

2012 年 12 月，华谊兄弟的股价开始启动，在短短的 10 个月时间从 12. 15 元上涨至 81. 8 元，至 2013 年 10 月市值高达 494. 7 亿元，华谊兄弟 2013 年之前交出了这样一份成绩单（见表 5-5）。

表 5-5 华谊兄弟 2006—2013 年数据

（单位：亿元）

年　份	营业收入	税前利润	税后净利润
2006 年	1. 24	0. 23	0. 24
2007 年	2. 35	0. 58	0. 58
2008 年	4. 09	0. 84	0. 68
2009 年	6. 04	1. 15	0. 85
2010 年	10. 72	1. 9	1. 49
2011 年	8. 92	2. 73	2. 03
2012 年	13. 86	3. 21	2. 44
2013 年	20. 14	7. 98	6. 65
复利增长	48. 92%	65. 97%	60. 73%

数据来源：巨潮资讯网。

这真是一组令人惊艳无比的数字，2006—2013 年，华谊兄弟税后净利润的复合增速高达 60. 73%。很多人一定这样想：

“拍电影真是个好生意，不光能和漂亮的女明星走红地毯，还能赚那么多钱!” 接下来，让我们用估值的标尺去测量一下华谊兄弟2013年的内在价值。

如果华谊兄弟未来十年可以保持60.73%的业绩增速，这家公司在2013年的内在价值接近2000亿元，对应2013年净利润6.65亿元的市盈率高达300倍。如果未来十年的净利润复合增速保持在30%～40%，华谊兄弟的合理市盈率在55～98倍，对应市值为365亿至652亿元。难怪基金经理们在2013年把股价炒到了500亿元，他们一定相信华谊兄弟的净利润可以持续高速增长。

2019年，华谊兄弟营业收入为21.86亿元，归属于上市公司股东税后亏损为39.6亿元。2020年，这家公司的市值下跌至最低89.49亿元，2020年疯狂的股票市场竟然对华谊兄弟没有一点点兴趣。再回到2013年的时点，一定是哪里出了问题。

我想，问题不仅出在股票市场对华谊兄弟商业前景的误判，更出在税后净利润基数6.65亿元本身。2013年华谊兄弟税前利润为7.98亿元，这其中包括减持掌趣科技股票的一次性投资收益3.23亿元和政府补助0.79亿元。扣除这两项后，其税前利润将从7.98亿元下降至3.96亿元。2014年华谊兄弟税前利润增长到12.79亿元，这里面同样包括减持掌趣科技股票投资收益4.15亿元和政府补助1亿元，还包括华谊兄弟付出5.36亿商誉换得收购银汉科技50.88%股权后合并的报表利润2.35亿元。华谊兄弟扣除这三项后的税前利润从12.79亿元下降至5.29亿元。

从2013年开始，华谊兄弟通过主营影视业务以外的两种方式提升报表利润：

1. 买卖可供出售金融资产获得投资收益：华谊兄弟通过在

二级市场减持掌趣科技股票总计获得税前利润 19.95 亿元。

2. 外延式收购：华谊兄弟 2014 年收购银汉科技，2015 年收购浙江东阳浩瀚影视娱乐有限公司和浙江东阳美拉传媒有限公司。一系列的外延式收购让华谊兄弟报表的商誉余额从 2012 年的 0.33 亿元增长至 2015 年的 35.7 亿元。但收购并没有给华谊兄弟带来期望持续增长的利润，反而让这家公司在 2017—2019 年对外延式收购不得不计提了商誉减值 38 亿元。

华谊兄弟的主营业务是影视生意，不可能像券商一样通过买卖证券获得可持续性投资收益。用一次性买卖证券的收益去乘市盈率倍数是不合理的。上市公司通过外延式扩张获得报表利润增长的同时，也承担了商誉余额增加的风险。如果这些收购不能达到预期盈利目标，上市公司将不得不对资产负债表的商誉项计提减值损失。我们做生意需要的是没有水分的真实利润，而不是报表暂时虚增的利润。让我们看看表 5-6 中华谊兄弟 2013 年以后的数据吧。

表 5-6　华谊兄弟 2013—2019 年数据

（单位：亿元）

年　份	税前利润	商誉减值损失	买卖金融资产收益
2013 年	7.98	0	3.23
2014 年	12.79	0	4.15
2015 年	14.96	0	1.90
2016 年	12.88	0	10.16
2017 年	10.75	1.84	0.51
2018 年	−8.01	11.14	0
2019 年	−37.53	24.72	0

数据来源：巨潮资讯网。

二、 房地产龙头的利息资本化

人们常会这样羡慕房地产公司："看看人家卖房子，赚的可都是真钱啊！"是的，房地产公司从来不会向买房者放应收款。房地产公司的资产负债表也非常干净，资产除了土地、房子外就是现金。房地产公司利润表的含金量相对于很多行业是非常高的。但即使是这样，房地产公司仍有如下多种手段调节利润表的当期利润：

1. 调节预收款入账节奏。
2. 调节投资收益入账节奏。
3. 计提土地增值税准备金处理。
4. 计提减值准备金处理。
5. 计提运营费用处理。
6. 利息资本化处理。

我们以万科集团和中国恒大的利息资本化处理来讨论一下房地产龙头利润表的"报表利润"的可能变化（见表5-7）。

表5-7　万科H和中国恒大数据比较

（单位：亿元）

	万科H	中国恒大
销售金额	6308.40	6010.60
营业收入	3678.94	4775.61
税前利润	765.39	741.72
上市公司股东税后净利润	388.72	172.80
利息支出	139.60	684.40
利息资本化金额	56.90	509.24

（续）

	万科 H	中国恒大
利息资本化比例	40.76%	74.41%
年末总借款金额	2599.77	7998.95
全年平均融资成本	5.37%	8.99%
2019 年末市值（亿港元）	3757.96	2856.86

数据来源：巨潮资讯网和披露易年报。

万科集团在 2019 年销售金额为 6308.4 亿元，和中国恒大 6010.6 亿元的销售规模相当。但万科集团经营显然更加稳健。万科集团在 2019 年末总借款只有 2599.77 亿元，比中国恒大 7998.95 亿元的总借款少了 5399.18 亿元。万科集团在 2019 年全年平均融资成本仅为 5.37%，比中国恒大 8.99% 低了 3.62 个百分点。2019 年，万科集团利息总支出为 139.6 亿元，比中国恒大 684.4 亿元少了 544.8 亿元。万科集团在 2019 年税前利润为 765.39 亿元，和中国恒大 741.72 亿元相差不大。两家公司的盈利能力在同一水平。

但 2019 年，万科集团仅将全年利息总支出 139.6 亿元中的 56.9 亿元做资本化处理，占比 40.76%。而中国恒大将利息总支出 684.4 亿元中 509.24 亿元做资本化处理，占比 74.41%。增大利息资本化比例提升了当期利润表利润，但降低了未来几年的毛利率。如果中国恒大按万科集团 40.76% 的利息资本化比例处理报表，2019 年的税前利润将从 741.72 亿元下降 230.28 亿元至 511.44 亿元。

我们仅从万科集团和中国恒大的利息资本化处理差异就可以看出，报表利润与真实利润可能是存在很大差别的。大多数上市公司有做高利润的冲动，但也有少数公司会出于保守考量有意做低利润。而税后净利润又是估值的标尺计算内在价值的基数。所以我们必须在评估企业内在价值之前，还原出真实的税后净利润。

三、中国铝业的清算资产

用估值的标尺中的十年净利润总和很难测量中国铝业的内在价值。根据中国铝业的年度报告，截至2019年，这家公司归属于上市公司十年税后净利润总和为-187.8亿元。也就是说，按估值的标尺测量，中国铝业的内在价值为-187.8亿元。更为糟糕的是，中国铝业扣除非经常性损益后十年税后净利润总和为-390.32亿元，比主营业务税后净利润少202.52亿元（见表5-8）。

表5-8　中国铝业2010—2019年净利润和扣除非经常性损益后税后净利润

（单位：亿元）

年　份	税后净利润	扣除非经常性损益后税后净利润
2010年	7.78	1.12
2011年	2.38	3.29
2012年	-82.34	-86.80
2013年	9.48	-78.07
2014年	-162.17	-173.95
2015年	2.06	-63.92
2016年	4.02	-3.64
2017年	13.78	8.15
2018年	8.70	1.19
2019年	8.51	2.31
十年合计	-187.80	-390.32

数据来源：巨潮资讯网。

非经常性损益包括政府补助、处置子公司收益、非流动资产处置收益、金融资产公允价值变动等。投资者在评估利润表时，应该挤掉主营业务以外的一次性非经常性损益。投资者应该特别小心非经常性收益在报表利润中占比过高的公司。

2020年，中国铝业市值最低至466.42亿元，仅是2007年末收盘市值5152.83亿的9.05%。投资者已经因为自己的愚蠢损失惨重。有些投资者常常看着中国铝业400多亿元市值犯傻，他们会说："虽然中国铝业不赚钱，但这家公司在2019年末的账面价值有546.6亿元，市净率只有0.85倍。你们再看看茅台的市净率，足足有14倍，吓死人了！"所以说，刻舟求剑式的教条主义真会害死人的！

那么，中国铝业现在的内在价值到底是多少呢？我想，这取决于两个因素：

1. 真实的清算资产到底是多少？

2. 何时能够市场化清算？

我以2019年末中国铝业资产负债表的数据来说明。2019年末，中国铝业归属于上市公司股东的权益是546.6亿元，占总权益707.25亿元的77.29%。2019年末，营运资产 =（流动资产487.14亿 - 总负债1323.46亿）×77.29% = -646.39亿(元)。

中国铝业显然是格雷厄姆都不愿意弯腰捡起来的烟蒂股。我们还可以从另一个角度估算中国铝业2019年末可能的清算资产，487.14亿元流动资产中如果剔除可能的减值仅剩405.60亿元。其中，两年以上应收款和其他应收款减值42.51亿元，存货再计提20%（195.15亿×20% = 39.03亿元）。再加回非流动资产566.55亿元（长期投资128.98亿 + 投资房地产15.03亿 + 固定资产中房屋及建筑物 407.32 亿 + 递延所得税资产 15.22 亿)，合计为 972.15 亿元。我认为中国铝业清算资产 =(流动资产 405.6 亿 + 非流动资产 566.55 亿 - 总负债 1323.46 亿) × 77.28% = -271.49 亿(元)。

按照格雷厄姆的烟蒂股概念，2018 年末中国铝业营运资产是 -646.39 亿元。按照我的理解，其归属于上市公司股东的清算资产为 -271.49 亿元。也就是说，如果中国铝业今天清算，股东要做好可能拿不回一分钱的准备。假设中国铝业 2019 年末股东权益 546.6 亿元全部是现金而且没有任何负债。按照十年亏损 187.8 亿元的速度，这家公司只需要用 29 年就会亏光属于上市公司股东的所有权益。所以从投资的角度，中国铝业确实是没有什么投资价值。400 多亿元市值也绝对谈不上便宜。

中国铝业在各类金融机构的常年借款在 800 亿元左右 (2018 年末为 1020.58 亿元，2019 年末为 785.42 亿元)。由于中国铝业经营净现金流很好，定期偿还金融机构借款本金和利息应无问题，800 亿元借款在金融机构一定也放在正常类贷款项目中。但我们冷静下来好好想一想，中国铝业如果今天清算的话，能还得起这 785.42 亿元金融机构的借款吗？我们看到有很多类似中国铝业这样依靠金融机构借贷生存的大型企业，也因此非常担心中国银行业报表净利润的含金量。

第五节 寻找最棒的商业模式

一、 时间的朋友

本书在第二章中论述过：“时间不会是平庸公司的朋友，但一定是优质公司的朋友。”优质公司很像健康生长的树木，会一年一年慢慢长高变粗，内在价值自然也就会越来越高。我做投资时，会先翻看一下标的公司年末收盘市值的历史数据。比如，我会查阅到2019年末东方电气收盘市值是284.04亿元，与2006年末收盘市值243.55亿元相比几乎没有变化，时间并不是东方电气这家公司的朋友。股票价格受市场情绪影响，短期可能是理性的，也可能是非理性的，但长期一定是理性的。**股价总是会围绕内在价值波动，而影响公司内在价值的因素是持续的盈利能力和可清算的账面资产。**

2019年末，东方电气营运资产为115.78亿元，这让我想到，很多制造业企业的营运资产是负值。相对于大多数制造业企业，东方电气拥有相对干净的资产负债表，但东方电气的利润并没有像一棵健康的大树一样不断成长。2019年归属于上市公司的净利润为12.78亿元，比2006年20.7亿元还少7.92亿元。14年间，扣除非经常性损益后净利润总和为159.28亿元，比报表净利润总和189.94亿元少30.66亿元。东方电气在2006—2019年的税后净利润数据也不稳定，制造发电机组确实不是个好生意。

高端白酒当然是非常好的生意，只需要简单看看税后净利润就知道，2019年的贵州茅台已经不是2006年的贵州茅台了。2019年，贵州茅台税后净利润为412.06亿元，是2006年税后净利润16.16亿元的25.5倍。贵州茅台的投资者获得丰厚回报就不难理解了。2019年末，贵州茅台收盘市值为14860.82亿元，是2006年末收盘市值810.16亿元的18.34倍。所以说，投资者必须找到时间的朋友（见表5-9）。

表 5-9 2006—2019 年东方电气和贵州茅台数据对比

（单位：亿元）

年份	东方电气净利润	东方电气扣除非经常性损益净利润	东方电气年末收盘市值	贵州茅台净利润	贵州茅台年末收盘市值
2006 年	20.70	6.60	243.55	16.16	810.16
2007 年	19.90	6.90	732.93	29.66	2095.24
2008 年	1.76	14.90	266.63	38.00	1022.89
2009 年	15.72	16.56	453.07	43.12	1603.89
2010 年	25.77	24.50	699.35	50.51	1735.84
2011 年	30.56	28.90	463.09	87.63	2006.80
2012 年	21.91	20.24	278.34	133.08	2170.00
2013 年	23.49	22.41	251.89	151.37	1332.82
2014 年	12.78	11.62	413.60	153.50	2165.46
2015 年	4.39	3.16	318.52	155.03	2740.90
2016 年	-17.84	-19.83	252.15	167.18	4197.58
2017 年	6.73	4.92	262.43	270.79	8761.85
2018 年	11.29	7.82	243.86	352.04	7411.69
2019 年	12.78	10.58	284.04	412.06	14860.82
14 年合计	189.94	159.28		2060.13	
近 10 年合计	131.86	114.32		1933.19	
13 年复合增长	-3.64%	3.70%	1.19%	28.29%	25.08%

数据来源：巨潮资讯网和新浪股票。

二、 商业模式是根本

内在价值高低是由公司商业模式决定的，而估值的标尺只是测量内在价值的工具。我把股价比作树叶。投机者眼里只有股价，他们会简单通过树叶是翠绿还是枯黄来判断股票的优劣；树枝很像财务报表，没有优秀财务数据支撑，股价不可能长时间保持坚挺，表面茂盛的树叶一定会因为树枝的枯萎慢慢枯黄，并一片片掉下来。

对财务数据的定量分析并不是投资中最重要的考量。查理·芒格这样说："财务报表至多是正确地计算企业真实价值的起点，而不是终点。"对商业模式的定性分析才是投资中的终点。我把公司的商业模式比作树根。只有深埋在土下的树根又粗又长，大树才能够从大自然汲取足够的养分，长出茁壮的树枝，每一根树枝又生出一片片茂盛的绿叶。商业模式决定财务数据，财务数据决定内在价值。长期而言，股价一定围绕内在价值波动。对商业模式的定性判断是股票投资的关键和最难点。

看懂财务报表并不难，毕竟树枝就长在我们眼前，只要足够用心，完全能看出哪根树枝是健康的。但深埋在土中的树根看不见，摸不着。只要树根不健康，大树就不能从大自然中汲取养分，投资者看到的粗枝绿叶都是假象。商业模式像树根一样重要！决定着投资的结果。**投资者最重要的工作就是去寻找肉眼看不见，且又粗又长的树根，然后用合理的价格买下来。**

那么，如何去寻找最棒的商业模式呢？

我们不可能通过把树根挖出来去辨认商业模式的好坏，但那些最棒的公司一定是与众不同的。让中国人试着闭上眼睛，并在三秒钟内回答一个问题："中国最棒的白酒品牌是谁？"你就会想明白茅台酒的独一无二。所有做过生意的老板都知道，谁也不愿意放应收款做生意，谁也不愿意降价促销。消费者喜欢茅台酒，让茅台酒长期供不应求，贵州茅台公司因此拥有了对渠道的绝对强势，经销商常年需要先打款再排队等货。这与东方电气放应收款销售发电机组形成了鲜明的对比。

贵州茅台拥有绝对的产品定价权，2000—2019 年，茅台酒出厂价从 185 元提升至 969 元，年复合提价速度为 9.11%。“预收款销售 + 提价”是极少数优质公司才能拥有的权利。投资者要做的，就是找到像茅台酒一样最棒的生意。

股票市场牛熊变化就像春夏秋冬季节交替一样，再正常不过了。即使是优质公司，也会因为熊市情绪的低落出现股价暴跌。像冬天掉光了树叶的大树，一根根光秃秃的树枝总会让人心情压抑。人类是结果导向的动物，因为牛市中账户市值的激增，会天真地认为未来的生活会更加美好。也会因为光秃秃的树枝感叹冬季的漫长。其实，即使是冬天，只要大树埋在土里的树根是健康的，大树一定就是健康的。冬去春来，树枝上还会重新长出嫩绿的树芽。冬天是最好的投资季节，是用合理的价格买进拥有优秀商业模式公司股权的最好时机。

第六节　高市盈率不代表高估值

一、 46.38 倍市盈率的苹果股票贵吗

2005 年的苹果公司股票市值平均为 400.07 亿美元。年底收盘于 615.99 亿美元，对应当年税后净利润 13.28 亿美元的市盈率 46.39 倍。在有些人看来，接近 50 倍市盈率的苹果股票一定是被高估了，但那是一个非常便宜的股票卖价。苹果公司 2005—2015 年的税后净利润从 13.28 亿美元增长到 533.94 亿美

元，复合增长速度高达44.69%。按照估值的标尺测量，一家未来十年以44.69%均速复合增长的公司，其合理市盈率为127倍。苹果公司2005年收盘市盈率只有46.39倍，而年均市盈率更是低到30.13倍。

可以从表5-10看出，站在2015年，所有的一切都是那么清晰。2006—2015年，苹果公司10年总计为股东赚了2314.47亿美元。也就是说，如果我们在2005年用2314.47亿美元买入了苹果公司股票，只是付出了10倍动态市盈率。2005年末收盘市值615.99亿美元仅相当于其内在价值的0.27倍。看看，2005年静态市盈率高达46.39倍的苹果公司市值竟然只是内在价值2314.47亿美元的0.27倍。真是让人惊掉了下巴！苹果公司2006—2011年就给股东赚了597.73亿美元，我们付出了46.39倍的高市盈率，竟然用了六年就收回了本钱。高市盈率不代表高估值啊！

表5-10　2005—2015年苹果公司数据

（单位：亿美元）

年　份	税后净利润	净利润增速	收盘市值	收盘市盈率
2005年	13.28		615.99	46.39
2006年	19.89	49.77%	744.53	37.43
2007年	34.95	75.72%	1761.68	50.41
2008年	61.19	75.08%	769.80	12.58
2009年	82.35	34.58%	1911.05	23.21
2010年	140.13	70.16%	2982.76	21.29
2011年	259.22	84.99%	3793.88	14.64
2012年	417.33	60.99%	5030.24	12.05
2013年	370.37	-11.25%	5227.38	14.11
2014年	395.10	6.68%	6758.57	17.11

（续）

年　份	税后净利润	净利润增速	收盘市值	收盘市盈率
2015 年	533.94	35.14%	6097.71	11.42
复合增速	44.69%		25.76%	
前六年合计	597.73			
十年合计	2314.47			

数据来源：苹果公司年报。

二、 谁能想到的 iPhone

杨天南先生讲过一句名言："事后都易，当下最难。"回到 2005 年，谁又能判断出苹果公司值 2300 多亿美元呢？这就是投资高市盈率的困惑所在。2005 年的苹果公司已经是让市场热血沸腾的一家高科技公司了。

1997 年 1 月，史蒂夫·乔布斯回归苹果公司后，这家濒临衰败的公司开始慢慢焕发出生机。2001 年 1 月，在 MacWorld 大会上，苹果公司发布了音乐软件 iTunes，同年 5 月 19 日，第一家苹果零售店在弗吉尼亚的高端购物中心泰森角开业。2001 年 10 月 23 日，苹果公司发布了为 iTunes 音乐软件配置的可以容纳 1000 首歌曲的 iPod，在 2004 年 1 月苹果发布的 iPod mini 更是火爆全球，短短 18 个月，苹果公司在便携式音乐播放器的市场份额就从 31% 提升至 74%。2005 年，苹果公司卖出了 2000 万部 iPod，是 2004 年的四倍。华尔街给出 46.39 倍的"高市盈率"确实有当时的商业场景支撑。

一个百年一遇的科技天才不断蹦出奇思妙想，苹果公司接二连三地推出让市场沸腾的高科技产品，想想都让人兴奋得无法入睡。但股票市场一定会比苹果迷们更加冷静，人们看着不断推升的苹果股价真的无法入手，谁也不愿意成为乔布斯狂想的埋单者。如果在2005年，上帝能把苹果公司未来十年的盈利数字展现在眼前，如果我们在2005年就知道iPhone会在2007年改变世界，谁还会在意那46.39倍的静态市盈率呢？但未来总是未知且充满不确定性的，有谁能真正看得清楚未来呢？

我们捶胸顿足，后悔2005年错过了46.39倍市盈率的苹果股票。其实，那真的没什么，因为沃伦·巴菲特也错过了2005年46.39倍市盈率的苹果股票。伯克希尔·哈撒韦是在2018年才开始大规模买进苹果股票的，那时候苹果公司的市值已经8000多亿美元，是2005年400亿美元的20倍。巴菲特竟然愿意付出20倍的价格来规避投资中的不确定性。

“不懂的不做，没有把握不买”是股票投资的重要原则。人类因为自身的自视过高基因，总是自以为是地认为自己可以捕捉未来。股票市场就是这么愚蠢，愚蠢地认为自己真的可以抓住2005年400亿美元的苹果和2006年500亿港元的腾讯，就好像我们真的可以事先看到2007年的iPhone和2011年的微信一样。

高市盈率不一定代表高估值，但一定代表更高的不确定性。买进高市盈率股票不一定会赔钱，买对了甚至可能赚大钱，但那是极少数人才能拥有的幸运。看看美国历史上陨落的高科技巨头吧：

1. 卫星导航铱星公司。
2. 搜索引擎Cuil公司。
3. 智能手机Palm公司。
4. 图形芯片Nvidia公司。

5. 雅虎公司。

……

这些公司哪一个不曾一样让人热血沸腾呢？哪一家又不是让股票投资者哭得魂牵断肠呢？

第七节　价格是你付出的，价值是你得到的

我从来没有看到过一个买东西不问价格的人能够变得真正富有，高价买进平庸公司股票的愚蠢投机无疑是致命的。伟大的查理·芒格就曾对此提出警示："虚高的股价导致了巨大的投资灾难，必须时刻注意这种风险。"想想 A 股投资者在 2007 年用 8.9 万亿元市值买进中国石油和 2015 年用 1500 亿元市值买进乐视网的结局吧！

但买进优质公司的股票是不是就可以不问价格呢？**2020 年，A 股市场开始流行一个观点："花多少钱买进优质公司股票都是不错的投资。"**是的，我们用 1.5 元买进"今天内在价值 1 元、五年后内在价值 2 元"的股票一样会赚钱，但买家可能需要付出三年左右不赚钱的时间成本，而且五年仅能获得 5.92% 的复合收益率。时间是优质公司的朋友，净利润持续增长会消化投资者付出的高溢价，但用过高价格买进优质公司股票还是不划算的。

一、 高价买进茅台股票的代价

2007 年末，贵州茅台收盘市值 2095.24 亿元对应当年 29.66

亿元净利润的静态市盈率高达 70.64 倍。投资者用这么高价格买进贵州茅台股票的代价是：

1. 十年复合收益率损失了 8.83%：2007—2017 年，贵州茅台净利润从 29.66 亿元增长至 270.79 亿元，复合增长 24.75%。投资者本应获得每年 24.75% 的投资收益。但因为 2007 年付出的 70.64 倍市盈率，十年的复合收益率下降到 15.92%，每年少赚了 8.83 个百分点。

2. 投资者付出了六年多的时间成本：在考虑了税前分红的情况下，2008 年当年亏损 50.80%；至 2009 年末，两年亏损 22.50%；至 2010 年末，三年亏损 15.70%；至 2011 年末，四年亏损 1.70%；至 2012 年末，五年盈利 8.00%；至 2013 年末，六年亏损 28.70%；至 2014 年末，七年盈利 13.10%。

人们一定会用“长期持有茅台最终还是赚钱的”来解释高估值买进优质公司股票的合理性。我进入股票市场后，曾经 58 个月没赚钱。知道那是一种什么样的煎熬，身在其中，已经开始怀疑人生了，哪里还顾得上回味茅台酒的醇香。我真不觉得有多少人能像我一样坚持六年。用估值的标尺测量，2007 年末贵州茅台的内在价值为 1250.21 亿元。年末收盘价 2095.24 亿元相当于付出了 1.68 倍的溢价。70 倍左右的市盈率需要贵州茅台在 2007—2017 年保持 34% 的净利润增速才能支撑，市场显然在 2007 年高估了这家公司的盈利能力。

聪明的投资者懂得以低于内在价值的价格买进优质公司的股票。用估值的标尺来测量贵州茅台 2008 年 1564.26 亿元的内在价值，2008 年末收盘市值 1022.89 亿元相当于用 0.65 折买进了贵州茅台的股票。即使 2018 年贵州茅台因为三季报不及预期导致股价暴跌，投资者在2008—2018年仍获得了10年23.05%的复合收益率。而2018年恰恰是过去12年中贵州茅台股票第三次的上佳买进机会，2008年用1022.89亿元买进贵州茅台股票持有11年的复合收益率高达28.26%（见表5-11）。

表5-11　2007—2017年贵州茅台财务数据

（单位：亿元）

年　份	税后净利润	年末收盘市值	收盘市盈率	当年分红
2007年	29.66	2095.24	70.64	7.89
2008年	38.00	1022.89	26.92	10.91
2009年	43.12	1603.89	37.19	11.18
2010年	50.51	1735.84	34.36	21.71
2011年	87.63	2006.8	22.90	41.50
2012年	133.08	2170.00	16.31	66.64
2013年	151.37	1332.82	8.81	45.41
2014年	153.50	2165.46	14.11	49.95
2015年	155.03	2740.90	17.68	77.52
2016年	167.18	4197.58	25.11	85.26
2017年	270.79	8761.85	32.36	138.17
2018年	352.04	7411.69	21.05	182.64
2019年	412.06	14860.82	36.06	213.87
2007—2017年复合增长率	24.75%	15.92%		
2008—2018年复合增长率	24.93%	23.05%		
2009—2019年复合增长率	25.32%	25.70%		
2008—2017年合计	1250.21			548.25

（续）

年　份	税后净利润	年末收盘市值	收盘市盈率	当年分红
2009—2018 年合计	1564. 26			719. 98
2010—2019 年合计	1933. 19			922. 67

数据来源：新浪股票。

二、可口可乐失去的那些年

谈到沃伦·巴菲特的投资故事，人们大概率会想到冰凉的可口可乐，那真是一个伟大的传奇。可口可乐是伯克希尔·哈撒韦商业帝国最重要的一笔投资，投资可口可乐也是伯克希尔·哈撒韦文化的一部分。

伯克希尔·哈撒韦是在 1988 年第一次买进了可口可乐的股票。那次机会源于 1987 年可口可乐与瓶装厂矛盾导致的股价低迷。沃伦·巴菲特以 14. 7 倍市盈率的价格买进了 5. 92 亿美元的可口可乐股票。1988—1998 年，可口可乐公司净利润从 10. 38 亿美元增长至 35. 3 亿美元，年复合增长 13. 02%。我们用估值的标尺测量，一家公司 10 年净利润复合均速增长 13. 02% 的内在价值是 20. 84 倍市盈率。伯克希尔·哈撒韦相当于以七折买进了这家优质公司的股票。1989 年，沃伦·巴菲特再次以 15 倍市盈率加仓了 4. 32 亿美元的可口可乐股票，总买入金额扩大到 10. 24 亿美元。1994 年，沃伦·巴菲特利用股价回调以 21 倍市盈率第三次买进了 2. 75 亿美元可口可乐股票。至此，伯克希尔·哈撒韦在可口可乐的总投资为 12. 99 亿美元。让我们看看 1994—1998

年可口可乐股票在大牛市中的表现（见表5-12）。

表5-12　1994—1998年伯克希尔持有可口可乐股票市值变化

年　份	年末收盘市值（亿美元）	当年收益率
1994年	51.50	
1995年	74.25	44.10%
1996年	105.25	41.70%
1997年	133.38	26.70%
1998年	134.00	0.40%

数据来源：巴菲特致股东的信和可口可乐年报。

1996年，可口可乐的股价已然不低了。伯克希尔·哈撒韦当年获得了41.7%的浮盈，1997年继续持股不动获得了26.7%的浮盈。可口可乐公司1998年的税后净利润为35.3亿美元，年末收盘股价67美元对应的市盈率为50倍（1998年内高点88.94美元对应的市盈率更是接近70倍）。伯克希尔·哈撒韦打算长期持有可口可乐、吉列、美国运通，所以也就没有选择在股价出现泡沫时卖出股票。从1988年第一次买进可口可乐开始计算，伯克希尔十年合计获利121.01亿美元。

在1998年88.94美元的高点，伯克希尔持有可口可乐股票市值高达177.82亿美元。当时的股票市场应该没有几个人质疑70倍市盈率的可口可乐，人们一定惊叹沃伦·巴菲特在股票泡沫面前表现出来的超然定力。不管以什么价格买进并持有优质公司一定都是最好的赚钱办法！不是这样吗？那些公司的利润总是在增长的。

是的，可口可乐的净利润一直在增长着。可口可乐的税后净利润从1998年的35.3亿美元一直增长到2012年的90.86亿美元。但直到2012年，伯克希尔·哈撒韦持有可口可乐股票总市值才超过1998年的高点177.82亿美元（2012年收盘市值145亿美元+现金分红30亿美元）。14年间，伯克希尔·哈撒韦在可口可乐投资的总收益接近为“零”。

沃伦·巴菲特不卖出可口可乐股票可能有如下诸多理由：

1. 伯克希尔·哈撒韦的股东价值体现在伯克希尔·哈撒韦的内在价值增长上，可口可乐的投资是按当年股利计入伯克希尔·哈撒韦的利润表，可口可乐股价对伯克希尔·哈撒韦股东利益影响非常有限。

2. 1998年卖出70倍市盈率的可口可乐股票，获利部分为164.83亿美元，需要缴纳近58亿美元的企业所得税。

3. 可口可乐公司持续回购股票。

4. 伯克希尔·哈撒韦持有可口可乐股票比例过高，不会像普通投资者那么容易卖出。

我从没见过沃伦·巴菲特用超过25倍静态市盈率的价格买进股票。也没听到过巴菲特谈论“为什么没有在1998年卖出70倍市盈率的可口可乐股票”。但在2003年致股东信中，沃伦·巴菲特写下这样一段话：

“对于目前手头持有的这些投资组合，我们既不觉得特别兴奋，也没有负面看法，我们拥有的是一些优质企业的部分所有权，虽然去年这些企业的实质价值都有着长足的进步，可是同样的，其杰出的表现也反映在其股价上。当然，从另一个角度来推论，这也代表个人没有在股市泡沫化期间出售这些持股是个重大的错误，换句话说，如果这些股票的价值现在都已经被充分反映的话，我想你一定会联想到四年前，当它们的实质价值更低，股价更高时，我在做什么，我也觉得很奇怪。”

三、 高价买进中国石油股票的教训

价格是你付出的，价值是你得到的。但在2007年投资中国石油股票的血泪史告诉我们：**“投资者付出了价格，得到了教训。”**不问价格买进优质公司会降低复合收益率，并使投资者付出时间成本，但这样做还不至于致命，毕竟优质公司是时间的朋友，不问价格买进平庸公司股票却是致命的。

表5-13刻画出长期投资中国石油股票的血泪史，2007—2019年，中国石油A股年末收盘市值从56663.3亿元下降至10670.12亿元，A股市值蒸发81.17%。中国石油H股年末收盘市值从24964.06亿港元下降至7156.12亿港元，H股市值蒸发71.33%。即使考虑到投资者在2007—2019年间获得现金税前分红总额5176.49亿元，A股和H股投资者12年损失也高达72.03%和48.29%。

表5-13 中国石油A股和H股年末收盘市值

年　份	A股年末收盘市值（亿元）	H股年末收盘市值（亿港元）
2007年（最高点）	88948.21	37061.75
2007年	56663.30	24964.06
2008年	18613.24	12427.13
2009年	25293.50	17057.56
2010年	20534.96	18594.93
2011年	17826.25	17698.13
2012年	16545.10	20095.71
2013年	14110.92	15556.79

（续）

年　份	A 股年末收盘市值（亿元）	H 股年末收盘市值（亿港元）
2014 年	19784.57	15739.81
2015 年	15282.25	9297.47
2016 年	14550.17	10578.61
2017 年	14806.40	9974.64
2018 年	13195.81	8931.42
2019 年	10670.12	7156.12
2020 年（最低点）	7394.05	3953.25

数据来源：新浪股票。

如果投资者不幸在 2007 年最高点买进了中国石油的股票，至 2020 年低点位置，A 股和 H 股的总亏损分别是 91.96% 和 89.33%。你见过辛辛苦苦工作了 12 年，把本钱亏到 15% 的可怜人们吗？中国石油的投资者们就是。难怪上海的某资深老股民看着不断下跌的中国石油股价无奈安慰自己："我会把股票留给我的孙子。"真不知道他的孙子接手时，中国石油的市值还能剩下多少。

看着 2019 年末 1.2 万亿元账面资产的中国石油，投资者百思不得其解："为什么股价总是跌跌不休呢？"是的，股票市场可能会在 1～2 年内低估一家公司的内在价值，但不可能在长达 12 年里都存在偏见。一定是哪里出了问题。

估值的标尺告诉我们，一家公司的内在价值是由其可持续的盈利能力和可清算的账面资产决定的。从表 5-14 可以看出，中国石油的盈利能力是逐年持续下降的。

表 5-14　2007—2019 年中国石油盈利能力变化

（单位：亿元）

年　份	税后净利润	净利润率	净资产收益率	折旧和摊销
2007 年	1467. 96	17. 58%	21. 67%	666. 25
2008 年	1138. 20	10. 61%	14. 38%	922. 59
2009 年	1031. 73	10. 12%	12. 17%	947. 59
2010 年	1399. 92	9. 55%	14. 91%	1132. 09
2011 年	1329. 61	6. 64%	13. 26%	1380. 73
2012 年	1153. 26	5. 25%	10. 84%	1519. 75
2013 年	1295. 99	5. 74%	11. 44%	1633. 65
2014 年	1071. 72	4. 69%	9. 11%	1774. 63
2015 年	356. 53	2. 07%	3. 02%	2028. 75
2016 年	79. 00	0. 49%	0. 66%	2181. 47
2017 年	227. 93	1. 13%	1. 91%	2373. 75
2018 年	530. 30	2. 23%	4. 37%	2322. 76
2019 年	456. 77	1. 81%	3. 71%	2252. 62
总计	11538. 92			21136. 63

数据来源：巨潮资讯网年报数据。

虽然中国石油在 2019 年末仍拥有 14445. 78 亿元账面资产（其中归属于上市公司的为 12304. 28 亿元），但固定资产、在建工程、油气资产和无形资产总计就高达 18680. 56 亿元。最为重要的是，中国石油是不能被市场化清算的，所以也就不存在可以清算的账面资产。归属于上市公司的 12304. 28 亿元股东权益也就没有太大的意义。

造成中国石油内在价值下降的最主要原因是原油开采成本的

上升。中国石油国内原油综合开采成本从 2002 年的 12.59 美元/桶提升至 2019 年的 46.62 美元/桶。2019 年原油进口成本更是高达 65.47 美元/桶。中国石油的税前利润与国际原油价格紧密相关，当原油价格超过 50 美元/桶时，中国石油很难盈利。

导致中国石油开采成本上升的最重要原因是固定资产和油气资产的折旧摊销。2007—2019 年，中国石油折旧摊销总额高达 2.11 万亿元，是同期税前利润总和 1.75 万亿元的 1.21 倍。中国石油的利润被固定资产和油气资产的折旧摊销吃掉了太多。

还有一个重要原因就是中国石油的运营成本提升太快。2011 年中国石油拥有 94.8 万名员工，其中离退休人员 7.16 万人，占比 7.55%。2019 年中国石油 95.85 万名员工中竟然包括 22.58 万离退休人员，占比高达 23.56%。包括离退休和临时工在内的中国石油人均薪酬也从 2011 年的 10.25 万元/年提升至 2019 年 16.1 万元/年。折旧摊销和人员成本是压在中国石油内在价值上的两座大山。

第八节　买入价格的安全边际

股票市场瞬息万变且难以预测，这就是投资股票的难点所在，也是股票市场的魅力所在。为了获得更高的收益率，为了更好地保护自己，投资者买进股票时必须为自己预留安全边际。**价格是一种安全边际，品质也是一种安全边际。**投资者用 0.5 元买进现在内在价值 1 元的股票，少付出的 0.5 元是股票投资中价格的安全边际。投资者持有的优质公司股票，内在价值从现在的 1 元增长到十年后的 2 元是品质的安全边际。

一、 价格和品质同样重要

“用合理的价格买进优质公司的股权，长期持有获得合理的回报。”阐述了投资股票中的两种安全边际。价格和品质同样重要！这不难理解，用0.5元买进“现在内在价值为1元但十年后内在价值还是1元”的平庸公司股票，和用1元买进“现在内在价值为1元但十年后为2元”的优质公司股票，投资者持有十年都只能获得7.18%的年复合收益率。但如果专业投资者期望获得十年15%的年复合收益率，就只有两个办法，用0.25元买进“内在价值永远是1元”的平庸公司股票，或者用0.5元买进“现在内在价值为1元但十年后内在价值增长到2元”的优质公司股票。

短期套利投资者利用当下股价低于内在价值足够大的安全边际获利，长期投资者利用股票内在价值的重心提升获利。十年后的股票价格不光取决于那时的内在价值，还取决于十年后的市场情绪。但市场情绪是难以预测的，如果十年后市场情绪低落，只愿意用半价交易那家优质公司内在价值2元的股票，投资者用1元买进优质公司股票持有十年，也不得不面对颗粒无收的尴尬结果。所以说，无论从收益还是风险角度，必须为买入股票留出足够的安全边际。但少数能够保持长期稳定增长的优质公司，即使投资者付出了相对于当下内在价值的一些溢价，也是非常棒的投资。

二、 估值的标尺复盘片仔癀

让我们再重复一下本书的重要观点：**投资者以内在价值为**

锚，而投机者以股价为锚。估值的标尺是测量内在价值而非预测股价的工具。内在价值与买入价格也是完全不同的概念，专业投资者只有在内在价值基础上为买入价格预留出足够的安全边际才能确保获利，而买入价格和品质是两种不同的安全边际。我们可以设计一个数学公式：

$$P = V(1 + sv\%)^n / (1 + sp\%)^n$$

式中，P 是买入价格；V 是当下内在价值；sv% 是内在价值复合增长率；sp% 是预期复合收益率；n 是投资年限。

用估值的标尺去测量，2003 年末片仔癀的内在价值相当于其 2004—2013 年税后净利润总和 18.02 亿元；2013 年末片仔癀的内在价值相当于其 2014—2023 年税后净利润总和 132.56 亿元。2003—2013 年，片仔癀内在价值复合增速（sv%）为 22.09%。我们不去考虑市场情绪定价，专业投资者如果期望在 2003—2013 年的十年复合收益率（sp%）为 15%，2003 年的买入价格为：132.56 亿元/（$1 + 15\%)^{10}$ = 32.77 亿元，这个价格相当于 2003 年片仔癀内在价值 18.02 亿元的 1.82 倍，也相当于 2003 年税后净利润 0.61 亿元的 53.72 倍。

如果投资者的十年复合收益率预期下降到 10%，在 2003 年用 83.79 倍市盈率（51.11 亿元市值）购买片仔癀股票，依然可以获得十年 10% 的年复合收益率。所有的一切都来源于片仔癀的内在价值从 2003 年的 18.02 亿元提升至 2013 年的 132.56 亿元。2003 年片仔癀收盘市值为 16.20 亿元（静态市盈率为 26.56 倍），确实很便宜，那是因为时间是优质公司的朋友（见表 5-15）。

表 5-15 复盘片仔癀 2003—2013 年内在价值变化

（单位：亿元）

年 份	税后净利润	内 在 价 值	内在价值/净利润	收 盘 市 值
2003 年	0.61	18.02	29.54	16.20
2004 年	0.42	21.99	52.36	15.65
2005 年	0.86	25.79	29.99	23.67
2006 年	0.80	30.35	37.94	29.93
2007 年	0.95	37.47	39.44	53.03
2008 年	1.41	47.49	33.68	26.42
2009 年	1.30	59.94	46.11	55.03
2010 年	1.94	73.80（预估）	38.04	101.92
2011 年	2.55	90.25（预估）	35.39	103.80
2012 年	3.49	109.56（预估）	31.39	152.49
2013 年	4.30	132.56（预估）	30.83	151.73
2014 年	4.39			141.06
2015 年	4.67			276.68
2016 年	5.36			276.26
2017 年	8.07			381.30
2018 年	11.43			522.77
2019 年	13.74			662.86
2020 年	15.80（预估）			1440.00（高点）
2021 年	19.00（预估）			
2022 年	22.80（预估）			
2023 年	27.30（预估）			

数据来源：巨潮资讯网年报数据和新浪股票。

三、 估值的标尺复盘张裕

用“估值的标尺”去测量，2000—2010 年张裕的内在价值从 54.40 亿元增长至 114.51 亿元，年复合增速为 7.73%。如果专业投资者在 2000—2010 年的十年间期望获得 15% 的复合收益率，2000 年的买入价格为：114.51 亿/$(1+15\%)^{10}$ = 28.31 亿(元)，相当于 2000 年张裕内在价值 54.40 亿元的 0.52 倍，也相当于 2000 年净利润 1.27 亿元的 22.29 倍。很显然，2000 年末张裕 A 股收盘市值 64.01 亿元无法满足专业投资者十年 15% 复合收益率的要求（见表 5-16）。

表 5-16 复盘张裕 2003—2013 年内在价值变化

（单位：亿元）

年 份	税后净利润	内 在 价 值	内在价值/净利润	收 盘 市 值
2000 年	1.27	54.40	42.83	64.01
2001 年	1.71	71.76	41.96	47.84
2002 年	1.11	87.66	78.97	36.22
2003 年	1.51	96.63	63.99	35.69
2004 年	2.04	104.37	51.16	51.16
2005 年	3.12	111.55	35.75	91.03
2006 年	3.95	117.42	29.73	255.57
2007 年	6.39	121.35	18.99	444.97
2008 年	8.95	122.83	13.72	246.87
2009 年	11.27	122.85	10.90	387.45
2010 年	14.34	114.51（预估）	7.99	505.98
2011 年	19.07			568.94

（续）

年 份	税后净利润	内 在 价 值	内在价值/净利润	收 盘 市 值
2012 年	17.01			322.17
2013 年	10.48			185.08
2014 年	9.78			238.95
2015 年	10.30			313.81
2016 年	9.83			246.77
2017 年	10.32			257.05
2018 年	10.43			178.22
2019 年	11.30			196.73
2020 年	6.00（预估）			280.00（高点）

数据来源：巨潮资讯网年报数据和新浪股票。

四、 估值标尺的安全边际

买入股票的安全边际不仅和当下的内在价值相关，更与内在价值的变化相关。如果一家平庸公司的内在价值总是保持 100 亿元不变，期望获得 15% 复合收益率的专业投资者持有十年的买入价格为：100 亿/$(1+15\%)^{10}$ = 24.72 亿（元）。持有五年的买入价格为：100 亿/$(1+15\%)^{5}$ = 49.72 亿（元）。投资者如果打算持有股票十年，站在 2020 年当下必须要考虑 2030 年的内在价值。而 2030 年的内在价值由这家公司 2031—2040 年的税后净利润总和决定。预测一家公司十年以后的盈利又是如此之难，那已经超出了常人的能力范围。所以，**我们还是要坚持模糊的正确比精确的错误更好。**

估值的标尺用一种相对粗犷但更为便利的方法为买入股票预

留出安全边际。表 5-17 列出了以不同净利润复合增速计算出的内在价值所对应的市盈率。净利润不增长的公司，10 倍市盈率就是其合理内在价值。未来十年净利润保持 15% 复合增长的公司，内在价值对应的市盈率是 23.35 倍。

表 5-17 估值的标尺的安全边际

复合收益率	内在价值市盈率	安全边际市盈率	预留年份
0%	10.00	5.00	5
1%	10.57	5.15	5
2%	11.17	5.31 ~ 6.43	5 ~ 6
3%	11.81	5.47 ~ 6.66	5 ~ 6
4%	12.49	6.90	6
5%	13.21	7.14	6
6%	13.97	7.39	6
7%	14.78	7.69	6
8%	15.65	7.92 ~ 9.64	6 ~ 7
9%	16.56	8.20 ~ 10.03	6 ~ 7
10%	17.53	10.44	7
11%	18.56	10.86	7
12%	19.65	11.30 ~ 13.78	7 ~ 8
13%	20.81	11.76 ~ 14.42	7 ~ 8
14%	22.04	15.09	8
15%	23.35	15.79	8
16%	24.73	16.52 ~ 20.32	8 ~ 9
17%	26.20	17.28 ~ 21.39	8 ~ 9
18%	27.76	22.52	9
19%	29.40	23.71 ~ 29.40	9 ~ 10
20%	31.15	24.96 ~ 31.15	9 ~ 10
21%	33.00	33.00	10

投资者买进股票时，对平庸的公司要预留更大的价格安全边际，而优质的公司可以预留更少的安全边际，因为优质也是一种安全边际。比如，我们需要为净利润不增长的公司预留五年净利润总和的安全边际，但只需要为十年净利润复合增长17%～20%的优质公司预留九年左右的安全边际。如果我们遇到一家未来十年净利润复合增速超过20%的伟大企业，用估值的标尺计算出的内在价值市盈率买进，也一定是一笔很划算的投资。

买入股票预留安全边际非常重要！让我们重复一下沃伦·巴菲特的教诲：

“不应该用左轮手枪对着自己扣动扳机，哪怕弹巢里只有一颗子弹。也不应该把载重10000磅的卡车开上承重10001磅的桥梁。”

第六章 价值投资实战案例分析

第一节　格力电器：它真的被看好么

格力电器公布的2017年年报和2018年一季报非常靓丽。2017年营业收入为1500.2亿元，同比增长36.92%，归属于上市公司股东的净利润为224.02亿元，同比增长45.27%。2018年一季度营业收入继续大幅度增长33.29%，归属于上市公司股东的净利润同比增长39.04%。但仅仅是2017年度的不分红政策就导致随后两天股价暴跌11.96%。股价怎么反应这么大呢？

其实，股票市场本来就是由太多不懂行且情绪脆弱的人们组成的，我们不能指望市场出牌总是有逻辑，市场大部分时间都可能是非理性的，所以投资者不必对格力电器短期股价的大幅下跌有过多担心。只要格力电器在未来10年的基本面足够强劲，投资者依然会得到想要的东西。那么，我的问题是："格力电器未来10年基本面是否继续强劲呢？"让我们来讨论一下吧！

一、 未来10年常态增速是多少

如果格力电器净利润在未来10年依然保持40%的复合增速，100倍市盈率都不贵。但2018年5月份的2650亿元市值仅仅相当于11.83倍市盈率。这让很多格力电器的铁杆投资者感到很是委屈。

我认为，2017—2027年格力电器的净利润复合增速不可能那么高，那不是常态。

2007—2017年，格力电器营业收入以14.71%速度复合增长，归属于上市公司股东的净利润以33.07%速度复合增长。净利润增速大大快于营收增速的主要原因是管理效率的大幅度提升，体现为毛利率的提升和费用率的下降。格力电器的毛利率从2007年的18.13%增长至2017年的34.03%，费用率从2007年的75.71%下降至2017年的45.05%，这使得格力电器的净利润率从2007年的3.39%大幅度提升至2017年的15.11%。

我判断，未来10年格力电器的管理效率依然会保持非常高的水准。但净利润的复合增速不会大幅度快过营业收入增速，这两个数据大概率保持同速增长。

二、房地产市场和空调行业的相关性

可以从表6-1中看出，国内空调行业销售数量与房地产全国销售总面积紧密相关，房地产市场销售火爆的年份如2009年和2016年，空调行业销量都会延后1~2年出现井喷，格力电器空调业务的营业收入同期增速也非常好。但在房地产市场销售面积出现下滑的年份，尤其是2014年，空调行业的国内销量就会出现延后1~2年的低迷，格力电器空调业务的营业收入同样受到全行业销量景气度的影响。也就是说，中国房地产行业的景气度与其后1~2年空调行业国内总销量紧密相关，这是由房地产行业竣工周期决定的。

表 6-1　中国房地产行业和空调行业 2009—2017 年的相关性数据

年　份	房地产销售面积（亿平方米）	增速	空调国内销量（万台）	增速	格力空调营业收入（亿元）	增速
2009 年	9. 37	41. 97%	2819		383. 29	0. 38%
2010 年	10. 43	11. 31%	4389	55. 69%	551. 11	43. 78%
2011 年	10. 99	5. 37%	4852	10. 55%	747. 75	35. 68%
2012 年	11. 13	1. 277%	4697	-3. 19%	888. 84	18. 87%
2013 年	13. 06	17. 34%	6235	32. 74%	1054. 88	18. 68%
2014 年	12. 07	-7. 85%	7001	12. 29%	1187. 19	12. 54%
2015 年	12. 85	6. 46%	6277	-10. 34%	837. 18	-29. 48%
2016 年	15. 74	22. 49%	6049	-3. 64%	880. 85	5. 22%
2017 年	16. 94	7. 62%	8875	46. 73%	1234. 1	40. 10%

数据来源：百度和巨潮资讯网。

2017 年，格力电器空调业务的营业收入为 1234. 1 亿元，占总营业收入 1482. 86 亿元（剔除利息收入 17. 32 亿元）的 83. 22%，空调业务对我们评估格力电器的内在价值至关重要。

2017 年，中国房地产销售面积为 16. 94 亿平方米，是 2009 年 9. 37 亿平方米的 1. 81 倍；中国空调国内总销量在 2017 年为 8875 万台，是 2009 年 2819 万台的 3. 15 倍；而格力电器 2017 年总营业收入为 1500. 2 亿元，是 2009 年 426. 37 亿元的 3. 52 倍。格力电器的营业收入与中国房地产行业的景气周期是紧密相关的。我认为，2017 年中国房地产全国销售面积 16. 94 亿平方米很有可能是一个长期的顶部。未来 10 年，中国房地产销售面积很难维持以往的 9% 复合增速。人口红利在慢慢消逝，终会迎来向下拐点。人口老龄化也是中国不得不面对的一个严峻问题。总有一天，中国人会突然发现："我们不再需要那么多房子了！"但由于空调行业的换机周期和未来科技智能化的进步，整个空调行业的销量远比房地产市场要更乐观。而格力电器因其管理层出色的运营能力和品牌护城河，必将会跑赢大市。

三、 格力电器的销售费用之谜

格力电器和美的集团的资产负债表中拥有巨额的销售返利计提余额，格力电器计提金额更高，2017 年末竟然高达 594.67 亿元。我想，销售返利主要有三种形式：

1. 提货奖励。
2. 终端销售返利。
3. 价格保护。

但格力电器如此之高的返利余额留在公司迟迟不发放给经销商，这真的引起了我的好奇心。2013 年和 2014 年是格力电器的两个销售高峰年，当年销售额的 12.06% 和 12.74% 计提了经销商返利。格力电器会不会有为未来平滑报表预留业绩的可能性呢（见表 6-2）？

表 6-2　格力电器 2009—2017 年财务数据

（单位：亿元）

年　份	计提销售返利	当年增加额	占当年营收比例	美的计提销售返利
2009 年	56.82	22.23	5.21%	
2010 年	77.88	21.06	3.46%	
2011 年	82.83	4.95	0.59%	
2012 年	143.46	60.63	6.06%	

（续）

年　份	计提销售返利	当年增加额	占当年营收比例	美的计提销售返利
2013 年	288.27	144.81	12.06%	73.41
2014 年	466.59	178.32	12.74%	134.85
2015 年	530.5	63.91	6.36%	137.65
2016 年	582.2	51.7	4.7%	162.01
2017 年	594.67	12.47	0.83%	172.4

数据来源：巨潮资讯网。

2017 年，虽然格力电器总营业收入为 1500.2 亿元，同比增长 36.92%，但仅比 2014 年的 1400.05 亿元增长了 7.15%。但 2017 年格力电器归属于上市公司股东的净利润 224.02 亿元竟然比 2014 年的 141.55 亿元增长了 58.26%。而 2014 年格力电器大量计提销售返利导致当年费用率高达 64.84%，2017 年仅为 45.05%。也就是说，2017 年格力电器报表净利润的高速增长和费用处理紧密相关。格力电器为什么预留经销商这么多的销售返利呢？

四、 格力电器的合理估值

很多价值投资者完全接受不了格力电器 12 倍左右的市盈率，他们会说："格力电器净利润总是增长 30% 以上，怎么会是 12 倍呢？再看看那些创业板公司……"

我在前文分析了 2007—2017 年格力电器净利润高速增长的三个可能原因。**我判断，未来 10 年格力电器的营业收入和净利润应该会继续稳定增长，但增长速度应比 2007—2017 年更低。**营业收入复合增速可能在 10% 左右，归属于上市公司股东的净利润复合增速可能在10%～12%。如果我的判断是正确的，用估值的标尺测量，格力电器在未来10年将为上市公司股东创造3927.07亿至4401.99亿元税后净利润，我认为，格力电器的合理市盈率应该在17.53～19.65倍。当然我会为自己预留出七年买进股票的安全边际，我认为前七年的净利润预估总额在2338.77亿至2531.43亿元，安全边际对应10.44～11.30倍市盈率应该是可以买进的位置。2018年5月2650亿元的市值应该是合理偏高一点的价格。

格力电器2019年末收盘市值为3945.12亿元，比年初2147.01亿元升幅83.75%。2014—2019年，格力电器市值从1116.52亿元增长到3945.12亿元，复合增长28.72%。而同期归属于上市公司股东的净利润从141.55亿元增长至246.97亿元，复合增长仅11.78%。最近五年，格力电器的净利润复合增速比市值复合增速低16.94个百分点。投资者需要在未来五年保持谨慎了。

第二节　五粮液：我的复盘思考

一、五粮液是不是一家好公司

毋庸置疑，五粮液当然是A股少有的优质上市公司。2008—2018年，其营业收入以17.57%速度复合增长，归属于上市公司的净利润以22.14%增长。这意味着：如果你在2008年以20倍市盈率买入五粮液股票，在2018年以同样20倍市盈率卖出，投入的100万元就变成了738.89万元。如果算上税前分红，这数字将变成821.41万元（2008—2018年，五粮液为股东分红合计

297.54 亿元)。如果这样的生意还不算好生意，那么我真的不知道好生意是什么了。

二、 估值变化竟然如此之大

2018 年 11 月，五粮液的市值最低下探到 1787.86 亿元。但在短短八个月后的 2019 年 7 月初，市值最高上升 182.87% 至 5057.34 亿元，五粮液也成为 2019 年标志性的大牛股。2007 年末，市场给出五粮液 132.61 倍市盈率的估值，让这家当年盈利仅有 14.73 亿元的公司市值最高达 1953.32 亿元。而 2013 年五粮液的最低市盈率仅有 6.97 倍，当年盈利 79.43 亿元的五粮液市值仅 553.57 亿元。虽然五粮液在 2007—2013 年盈利增长了 4.39 倍，但投资者持有六年最高亏损了 71.66%。股价与内在价值的偏离怎么能这么大呢?

面对市值高达 5000 亿元的五粮液，散户会在夜晚美滋滋地泡杯茶反复读着五粮液的年报，公募基金经理更是用抱团买入的行为证明这家公司的巨大商业价值。人们会说“五粮液有多少多少口百年老窖”“五粮液的新管理层如何如何能干”。其实，在 2018 年 11 月，那些百年老窖就放在那里。五粮液的新管理层在 2018 年 11 月份已经上任一段时间了。为什么投资者在 2018 年 11 月看不到这家公司巨大的商业价值呢?

从 2018 年 11 月份到 2019 年 7 月初，五粮液的内在价值会有增长，但增长一定是非常有限的。这期间，五粮液卖酒为股东创造的税后净利润也就在 90 亿至 100 亿元，但股东却实实在在地获得了 3200 多亿元的市值。这真的很难让人理解!

我个人认为，2018 年四季度五粮液的内在价值应该在 80 元左右，而 2019 年 7 月的内在价值应该在 90 元出头。投资者依靠内在价值提升只能获得 10 元收益。但实际上，五粮液的股价足足上升了 75 元，这其中的 65 元完全是市场的“动物本性”驱使的。

三、 钟摆理论

股价短期是市场情绪的度量计，但长期一定是内在价值的度量计。这就意味着：“股票市场短期常常是非理性的，但长期一定是理性的。”霍华德·马克斯在他的《周期》中，形象地描述：股价像钟摆一样围绕内在价值来回摆动，只不过摆动的幅度大小不同而已。

以五粮液为例，2018 年四季度至 2019 年四季度，其内在价值应该在 80 ~ 100 元（中枢是 90 元）。但在市场情绪比较悲观的 2018 年四季度，股价最低下探到 46.06 元，而 2019 年 7 月初又最高上涨至 130.29 元。这就是股票市场令人迷惑不解的地方，这就是股票市场让人死去活来的地方，这就是股票市场的魅力所在。对于理性的投资者而言，他一定会明白，46.06 元的价格是一次难得一遇的发财良机。而 130.29 元的价格却意味着可能出现某种风险，至少暂时的油水已经不大了。

应该说：“五粮液的管理层比我去年想的还要棒！五粮液的销售状况比我去年判断的还要好！”但我依然不会进入盲目乐观的心理误区。一家企业的内在价值是缓慢变化的，变化的幅度让我们每天没法感觉出来。我估计，五粮液股票 2020 年的内在价值应该在100~120元。

2019年五粮液的股价虽并未起泡沫，但也已经提前一年反映了这家公司的内在价值。而因为市场的动物本性驱使，股价不可能停留在其钟摆的中心不动，它一定会来回摆动。我在2019年并不知道2020年五粮液股价的波动区间是多少，可能会上涨到160~180元，甚至更高，也可能跌回70~80元，谁知道呢？但我知道钟摆理论的原理是什么。那就是："涨得越高，跌得越多。"

四、我们怎么办

投资者不知道钟摆的摆动方向和幅度，更无法左右钟摆的摆动。我们需要做的就是克服自己身上的动物本性，不要让我们的情绪随着钟摆同步摆动。学会像沃伦·巴菲特一样"在别人贪婪的时候恐惧，在别人恐惧的时候贪婪"。

我们更需要具备一定深度的投资知识，这其中最重要的技能是学会如何给一家企业估值。比如说，我在2019年判断五粮液的内在价值区间在70~80元。留下一部分买入的安全边际后，我认为64元以下可以小幅度买入，事实上我也确实开始买入了，但那是小幅度的买进，毕竟如此小的安全边际无法吸引我。但我真的没料到五粮液会跌破60元。

我记得自己曾经有一笔存款在2018年9月底到期，于是我用这笔现金在60元的位置加仓了五粮液。我买进后，股价很快上涨到了68元，我清楚地记得一个网友发来私信说："马总，您的买入判断真是非常之准确啊！"然后股价就开始下跌了，从68

元再次跌破 60 元，又跌破 50 元至 46.06 元。估计当时那位吹捧我的网友应该在反思“自己看错了马总”。我在 2020 年以 100 元多一点卖掉了那单五粮液，八个月获得了 67% 的收益率，要知道同样是那笔钱，我之前在银行一年仅获得了 2% 的利息。

2018 年四季度，我在 50～60 元大规模建仓五粮液，我觉得那是一次千载难逢的投资机会。在 50 元附近，我甚至卖光了自己看好的招商银行仓位，全部加仓到五粮液。46.06 元时，我没钱了。那几天，白酒公司的股价天天下跌，跌得让人心烦意乱，我竟然有两天没睡好觉。市值的不断浮亏触发了我内心深处的“被剥夺性超级反应”。虽然我知道我逮住了一次大机会，但我还是个普通人啊！

记得那天白天出门散步，不自觉地翻看一下手机的股票报价，希望看到五粮液股价的回升。但是真的没有，股价显示为 48.3 元，不死不活的。我非常不情愿地用融资账户下了一个买单。我非常不喜欢杠杆，而且我知道这个买单价格明天可能还要下跌。我怎么会高兴呢？

两个月后，五粮液的股价回升到 60 元。同学老张打来电话：“老马，你觉得哪只股票好一些？”我回答：“我看好五粮液。”“啊？这么高，你还敢买？”我告诉老张：“今年五粮液的内在价值为 80～90 元，股价刚升到 60 元，还早着呢。”

五、 未来十年

我可以很肯定地告诉大家：

1. 五粮液的净利润以后会突破 200 亿元、300 亿元甚至 500

亿元。

2. 五粮液的股价以后会突破150元、200元、300元……

这是一家非常非常棒的公司！可能未来我还会再一次抓住它让人发大财的机会！但我真不知道五粮液的净利润何时达到500亿元。也不知道股价何时突破300元。我知道，这家公司的管理层一定会让五粮液在未来十年保持营业收入和利润增长，五粮液的内在价值也会随之提升。但增长幅度究竟是多少呢？15%还是20%？要知道不同的增长速度对应的市盈率估值是完全不同的。十年12%的复合增长，合理内在价值为19.65倍，25%则会达到41.57倍，内在价值差了整整一倍。如果再加上股票市场的情绪，股价反应可能就会更大了。

我不知道人们的情绪如何变化，但是我知道情绪也是有周期的。目前看好五粮液的情绪一定会在某个时刻消退，人们还会在某个时点再次对这家企业担忧起来。股票市场就是这样，涨涨跌跌非常正常，而且大部分时间是枯燥无味的。2019年1～7月，五粮液超过140%的巨大收益率绝对不是股票市场的常态。一切都过去了！我们要接受正常的收益率。未来十年能够做到15%的复合收益率对大多人而言肯定是非常有挑战性的。

六、 赚钱的密码

股票市场赚两类钱：

1. 内在价值提升的钱。比如2009—2018年，五粮液合计每股赚了18.99元。那么2008年末其内在价值就是18.99元。如果2019年末其内在价值提升至100元，投资者可以赚到

81.01 元。

2. 市场情绪的钱。因为熊市，2008 年末五粮液的股价只有 13.34 元，低于内在价值 18.99 元有 5.65 元。而 2019 年 7 月 125 元的股价又高于 2019 年末内在价值 100 元有 25 元。这样有 30.65 元是投资者赚了别人恐惧和贪婪的钱。

即使五粮液足够优秀，在 11 年的时间里内在价值提升了 81.01 元，但您在 2008 年花了 100 元购买股票，那么这 11 年也可能是颗粒无收。所以合理的买进价格非常重要！2019 年，由于中国经济的整体活跃度不够，市场资金抱团追逐优质的大型公司，让中国平安和五粮液的股价不断攀升。这对新买入股票的投资者而言，意味着未来越来越低的收益率和越来越高的风险。

对于平庸的公司，如果买入价格足够低，同样有惊人的回报率。试想五粮液在 2008—2019 年的 11 年里复合收益率为 16.3%。如果另外一家平庸公司在 2008 年内在价值也是 18.99 元，2019 年末内在价值仅提升至 50 元（是五粮液的一半）；但我们以 5 元买入，将获得 23.28% 的复合收益率。

假如五粮液足够优秀，2029 年内在价值达到 14000 亿元（700 亿元利润支撑），而 2029 年的股价刚好反映其内在价值。我们以 150 元现在买入股票（市值为 5822.4 亿元），10 年的复合收益率为 9.17%，那只是一个很平庸的收益率。如果 2029 年市场情绪比较低落，只给了五粮液内在价值八折的股票售价（11200 亿元），复合收益率将下降到 6.76%。

沃伦·巴菲特早就看出了这里面的秘密。他告诉我们他的方法："用 100 万美元买入现在值 200 万美元，但五年后值 400 万美元的股票。"

2020 年 7 月初，五粮液的股价突破 200 元，最高达到 279 元，对应市值为 10829.66 亿元。如果五粮液在 2020—2030 年税后净利润保持 15% ~16% 复合增长，以 2020 年 200 亿至 210 亿元税后净利润为基数，用估值的标尺测量，五粮液合理市盈率在 23.35 ~24.73 倍，对应 2020 年内在价值为 4670 亿至 5193.3 亿元，合理股价在 120 ~ 133 元。股票市场的 279 元相当于内在价值的 2.10 ~2.33 倍。

根据估值的标尺，我们只需要把五粮液 2001—2010 年的税后净利润加在一起，就可以计算出 2000 年五粮液的内在价值为 160.14 亿元。2000 年末收盘市值 191.28 亿元对应当时内在价值的比率为 1.19 倍。表 6-3 列出了五粮液年末收盘市值和内在价值的历史比率。从数据中可以看出，2020 年 279 元的五粮液股价虽然距离 2007 年的疯狂可能还有 15% ~25% 的空间，但显然已经处于历史数据的高位了。2020 年 7 月，五粮液每天的股票成交量逼近 100 亿元。我们搞不清楚到底谁在疯狂地买进股票，但投资者应该明白，虚高的股价还是会掉下来的。

表 6-3　五粮液年末收盘市值与内在价值比较

年　份	收盘市值（亿元）	内在价值（亿元）	收盘市值/内在价值
2000 年	191.28	160.14	1.19
2001 年	179.27	213.60	0.84
2002 年	126.00	306.82	0.41
2003 年	152.28	379.52	0.40
2004 年	178.65	429.59	0.42
2005 年	207.39	483.44	0.43
2006 年	620.82	539.52	1.15

（续）

年　　份	收盘市值（亿元）	内在价值（亿元）	收盘市值/内在价值
2007 年	1725. 28	621. 53	2. 78
2008 年	506. 39	737. 26	0. 69
2009 年	1193. 84	878. 84	1. 36
2010 年	1314. 55	1046 ~ 1056	1. 24 ~ 1. 26
2011 年	1245. 09	1220 ~ 1250	1. 00 ~ 1. 02
2020 年	10829. 66	4670 ~ 5193. 30	2. 10 ~ 2. 33

第三节　招商银行：究竟好在哪里

一、 不合时宜的主题

截至 2020 年 3 月 11 日，创业板从年初的 1798. 12 点上涨了 16. 87%，而招商银行的股价从年初的 37. 58 元下跌了 8. 33%。这个时候谈论招商银行究竟好在哪里确实无法吸引眼球，毕竟大多数人的目光是紧盯着股价的。但我还是忍不住提起笔去写招商银行，这源于我和股票市场中多数人看问题的角度不同。

就时间而言，我更在意企业 3 ~ 5 年的长期表现，而不是下个季报的经营变化。就本质而言，我更看重企业的内在价值而非股价。股价只不过是别人的出价，如果价格不合适，我完全可以选择不卖出股票，这样也不会亏一分钱。我相信招商银行的内在价值一直在不断增长，至于市场情绪的出价在短时间悲观一些，确实不是特别重要的事情。

二、 市场错了吗

我曾被2013年2月5日《第一财经日报》的一篇文章吸引，题目是“民生银行市值超越招商银行成股份制银行第一”。那一天，民生银行市值达到2604.35亿元，超越了招商银行的2573.96亿元市值。

2019年9月末，四家股份制银行的总资产规模差不多，都在6.2万亿至7.31万亿元。2013年2月底，其市场估值也相差不大。但七年后的2020年3月11日，招商银行的总市值达到8786.59亿元，仅比其他三家股份制银行的市值总和9326.62亿元少了540.03亿元（见表6-4）。是招商银行被市场高估了吗？是市场出错了吗？

表6-4　四家股份制银行数据比较

（单位：亿元）

	招商银行	兴业银行	民生银行	浦发银行
2020年3月11日收盘市值	8786.59	3650.03	2483.08	3193.51
2013年2月末收盘市值	2833.06	2523.89	2938.72	2063.02
2019年9月末总资产	73059.25	69821	62737.43	67906.7

数据来源：巨潮资讯网三季报数据和新浪股票数据。

三、 市场长期是理性的

2010年开始，银行全行业的市盈率跌破两位数至今仍未恢复，2015 年起全行业估值破净。资本市场是非常聪明的，人们不相信商业银行告诉我们的那些不良贷款率，人们在给“以时间换空间”的坏账处理模式投不信任票。而 2013 年后招商银行股价上升，又说明股票市场给优质的商业银行投了信任票。时间会过滤掉所有的一切，让我们看看招商银行到底好在哪里吧。

四、 招商银行的三大优势

我们从上市公司的报表数据比较中可以清晰地看出，招商银行在如下三个方面具备相较其他三家股份制银行的优势：

1. 存款端的成本优势。
2. 贷款端的风险控制优势。
3. 资本充足率的优势。

存款端的成本优势

从 2015 年开始，兴业银行、民生银行和浦发银行的净利差（包括我未列出的净息差）均开始收窄，而招商银行的净利差保持相对稳定。净利差是由生息资产平均收益率减去计息负债平均成本率计算得出的。

通过阅读年报，我们发现招商银行在生息资产端并无太大优势，其 2018 年生息资产平均收益率为 4.34%，而兴业银行为 4.44%，民生银行为 4.53%。那么问题一定出现在计息负债的成本端。2018 年招商银行计息负债平均成本率只有 1.9%，而兴业银行为 2.9%，民生银行为 2.89%。2018 年，招商银行在计息负债端比兴业银行有 1 个百分点的优势。要知道，如果招商银行的存款计息成本和兴业银行一样，招商银行 2018 年末的 5.82 万亿元计息负债余额将需要增加 582.08 亿元，也就是说会减少 582.08 亿元的税前利润。而招商银行 2018 年拨备前税前利润为 1673.26 亿元，仅比兴业银行的 1144.81 亿元高出 528.45 亿元（见表 6-5）。

表 6-5　四家股份制银行 2013—2018 年净利差比较

年　份	招商银行	兴业银行	民生银行	浦发银行
2013 年	2.38%	2.23%	2.3%	2.26%
2014 年	2.2%	2.23%	2.41%	2.27%
2015 年	2.61%	2.26%	2.1%	2.26%
2016 年	2.37%	2%	1.74%	1.89%
2017 年	2.29%	1.44%	1.35%	1.75%
2018 年	2.44%	1.54%	1.64%	1.87%
2018 年拨备前税前利润	1673.26 亿元	1144.81 亿元	1050.59 亿元	1257.01 亿元

数据来源：巨潮资讯网。

我们都知道，国有四大银行具备行业所没有的客户结构优势。比如，国有大行向铁路总公司的一笔贷款可能是几十亿甚至上百亿元规模，而这种企业贷款又是不良贷款率为零的优质资产，但不是哪家银行都能很荣幸地拥有铁路总公司这样的大客户。而经营同样规模的零售贷款业务，可能需要 5 万至 10 万个零售客户支撑，市场拓展还需要持续投入非常高的费用。招商银行的零售业务和民生银行的小微贷都是这样的累活，这就需要商业银行必须建立一套有效的运营系统。从这几年的情况来看，招商银行的运营系统经受住了考验，而民生银行显然费了不少力气，但没得到什么好处。

经过多年的业务耕耘，招商银行的优质服务和金融科技为自己带来了黏性极强的零售客户和零售活期存款，2018 年这些零售活期存款的成本率只有 0.33%，相应定期存款的成本率是 2.69% ~2.75%。显然，零售活期存款占比 24.12% 让招商银行在计息负债的成本端具备非常大的优势（见表 6-6）。

表 6-6　四家股份制银行 2018 年末存款余额比较

（单位：亿元）

	招商银行	兴业银行	民生银行	浦发银行
企业活期	15591.71	10013.58	11047.06	12444.37
企业定期	12420.61	15419.43	14739.07	13308.02
零售活期	10299.18	2535	1979.33	2196.01
零售定期	4383.73	2720.73	3773.56	4282.73
零售活期占比	24.12%	8.26%	6.28%	6.81%
合计	42695.23	30688.74	31539.02	32231.13

数据来源：巨潮资讯网。

贷款端的风险控制优势

我认为，招商银行的核心竞争力就是“零售 + 文化”。而“合规和风控”是招商银行文化的最重要体现，我们能够从资产负债表中读到招商银行的保守主义经营思想。银行业不是一个非常适合投资的行业，这是一个有着 15 倍高杠杆的行业。表面上看，同质化的业务经过杠杆放大后的样子截然不同。我至今仍然不断警示自己“1998 年长期资本管理公司因高杠杆交易（看似低风险债券）破产的教训”。那些经营不善的银行只要真实的不良贷款率达到7%就会亏完所有的净资产，所以用市净率去掩饰不良贷款的银行估值完全是自欺欺人的做法。

银行的财务报表和哪个行业都不一样，我们不可能从年报中读出每一笔贷款的具体去向，当然也就不可能准确地知道这里面的风险了。但如果我们连续阅读银行多年的报表数据，还是能读出一些有用的东西。我感觉，有些商业银行显然还没有消化完这几年慢慢堆积起来的坏账，而有些优质银行早已经轻装上阵。“合规和风控”体现在具体的业务上，就是有些事情可以做而很多事情不能做，我很喜欢招商银行的这种自律性。

招商银行的资产质量全面优于另三家股份制银行，而这种优势绝对不是2018年刚刚发生的。早在2014年，招商银行就已经主动收缩在问题行业的贷款规模了。而那时，另三家股份制银行还在铺摊子一样盲目扩张。“有所为，有所不为”，再经过高杠杆的放大，让招商银行的资产质量格外亮眼。

招商银行和浦发银行在2018年的资产减值规模相当，分别是608.29亿元和604.17亿元。但两家银行的减值目的是不同的，浦发银行当期核销金额高达612.9亿元，当期的减值全部用于处理坏账还不够，而招商银行2018年核销金额只有261.97亿元，余下的部分应该是从股东的左兜掏出来装进了右兜里。我们注意到，招商银行2018年末的减值准备金余额从年初的1504.32亿元增加到了1920亿元，减值准备金也是商业银行税前利润的一种隐形表达方式（见表6-7）。

表 6-7　四家股份制银行 2018 年末贷款数据比较

（单位：亿元）

	招商银行	兴业银行	民生银行	浦发银行
贷款余额	39330.34	29340.82	30567.46	35492.05
不良贷款余额	536.09	461.40	538.66	681.43
关注类贷款余额	593.29	600.44	1033.71	1047.17
不良贷款率	1.36%	1.57%	1.76%	1.92%
关注类贷款率	1.51%	2.05%	3.38%	2.95%
不良 + 关注率	2.87%	3.62%	5.14%	4.87%
逾期贷款余额	620.03	593.19	791.29	855.32
减值准备金余额	1920	956.37	722.08	1055.42
拨备覆盖率	358.15%	207.28%	134.05%	154.88%
不良 + 关注覆盖率	170.01%	90.07%	45.92%	61.06%
逾期覆盖率	309.66%	161.22%	91.25%	123.39%
资产减值	608.29	464.04	462.74	604.17
当期核销	261.97	280.98	584.21	612.9

数据来源：巨潮资讯网。

资本充足率的优势

2012 年监管层批准四大国有银行加上交通银行和招商银行使用高级法计算资本充足率。而用高级法计算资本充足率对零售业务占比大而不良贷款率偏低的招商银行尤为有利。2018 年招商银行如果按传统的权重法计算，其资本充足率和一级资本充足率分别为 13.06% 和 10.31%，而使用高级法计算则变为 15.68% 和 11.78%。招商银行的对公贷款余额与其他三家股份制银行相比并无太大差别，甚至在 2018 年末，民生银行和浦发银行对公贷款的余额都超过了招商银行。我却认为，这恰恰体现了招商银行发放贷款的收敛，也意味着这家银行具备更强的放贷能力（见表6-8）。

表6-8　四家股份制银行2018年资本充足率数据比较

（单位：亿元）

	招商银行	兴业银行	民生银行	浦发银行
对公贷款余额	17739.29	16082.07	18262.01	18158.74
资本充足率	15.68%	12.2%	11.75%	13.37%
一级资本充足率	11.78%	9.3%	8.93%	9.73%

数据来源：巨潮资讯网。

五、对招商银行充满信心

我认为，招商银行目前应领先行业至少2～3年。“金融科技”是招商银行未来最大的看点，通过App的客户黏性吸引住更多的零售客户；通过后台大数据处理控制风险；全面推广无纸化办公降低运营费用；利用资本充足率的优势锁定战略对公客户，弥补对公贷款业务的不足。

我早就喜欢上了招商银行，更对经营不善的银行没有兴趣。那是因为我一直在用生意的思维思考问题，我不在乎拥有的企业通过什么方式盈利。一家企业到底是卖房子的还是经营贷款的都不重要，我看重的是企业是否优质，市场价格是否公道。

2018年，招商银行拨备前税前利润为1673.26亿元，因为计提了608.29亿元的减值，缴纳了256.78亿元的所得税，招商银行的税后净利润为808.19亿元，但属于上市公司股东税后净利润为805.6亿元，余下的2.59亿元是归属于少数股东税后净利润。2019年归属于股东的税后净利润提升至928.67亿元。我认为，只要保持适度业务增长，招商银行就会在4～5年的时间达到2500亿至3000亿元拨备前税前利润的规模。我对这家优质的商业银行充满信心！

第四节　贵州茅台：无可替代的股王

2020年5月6日，贵州茅台股价收盘于1300元。6月1日冲过1400元，7月份后又冲过1500元、1600元、1700元、1800元，最高市值逼近2.3万亿元。贵州茅台已经成为A股市场绝对的股王。股票市场全然不顾2020年新冠肺炎疫情对中国经济的冲击，也不管中国经济下行压力对高端白酒行业可能造成的负面影响。贵州茅台的股价走势完全就是经济繁荣周期时股票大牛市的样子。

一、无可替代的茅台酒

贵州茅台当然是一家好公司，市场经济下很少有这样产品长期供不应求的公司。经销商常年支付预付款排队等待提货，足见茅台的强势，这是由强大品牌影响力来支撑的。“茅台酒”已经深深植入每个消费者的心智，中国人都知道“茅台酒”就是世间最好的白酒。茅台酒的酱香口味令人回味无穷，茅台酒作为中国社会交际的最好工具更是无可替代。

媒体在早年曾经把“茅台酒”和“腐败”画上等号，这是对茅台酒的不公平。茅台酒本身并没有任何过错，不过是贪腐者利用了“最好的白酒”去犯罪而已。生意人在宴请重要的客户时，一定会在饭桌上摆上两瓶茅台酒，这体现出对最尊贵客户最高级别的尊重和认可。随着中国中产阶层人口基数的不断扩大，茅台酒还走进了寻常百姓家，富裕起来的人们会在家族遇到婚丧嫁娶这样的大事时打开茅台酒。

2009—2019年，贵州茅台的营业收入从96.7亿元增长至888.54亿元，复合增长24.83%；归属于上市公司股东的净利润从43.12亿元增长至412.06亿元，复合增长25.32%。营业收入和净利润走出了两条近乎完美的增长曲线。贵州茅台的毛利率常年维持在90%以上，平均净资产收益率超过30%。贵州茅台的财务报表会让财报迷们忍不住流下口水（见表6-9）。

表6-9　贵州茅台2009—2019年财务数据

（单位：亿元）

年　份	收　入	净利润	毛利率	净资产收益率
2009年	96.70	43.12	90.17%	29.43%
2010年	116.33	50.51	90.95%	27.45%
2011年	184.02	87.63	91.57%	35.07%
2012年	264.55	133.08	92.27%	38.97%
2013年	310.71	151.37	92.90%	35.51%
2014年	322.17	153.50	92.60%	28.73%
2015年	334.47	155.03	92.23%	24.25%
2016年	401.55	167.18	91.23%	22.93%
2017年	610.63	270.79	89.80%	29.61%
2018年	771.99	352.04	91.14%	31.20%
2019年	888.54	412.06	91.30%	30.30%
复合增速	24.83%	25.32%		

数据来源：巨潮资讯网。

二、贵州茅台的内在价值

贵州茅台的收盘市值从2009年末的1603.89亿元增长至2019年末的14860.82亿元，十年复合收益率为24.94%。如果再加上十年税前分红922.66亿元，复合收益率提升至25.69%。投资贵州茅台股票的十年收益率和净利润十年复合增长率几乎完全同步。站在2020年，我们需要根据未来十年茅台净利润的增长情况，判断出2019—2029年投资贵州茅台的收益率。

根据我的朋友高立群女士做的研究报告：符合茅台酒严格酿造标准的特定区域位于黔北赤水河东侧四面环山的封闭河谷，地处赤水河中游，海拔为420~600米。该区域气候夏天长冬天短，常年气温高、湿度大、少霜雪，年平均气温在18摄氏度左右，最低气温为3摄氏度，最高为40摄氏度，年相对湿度在78%左右，河谷平均风速为1.2米/秒。满足茅台酒酿造菌群要求的地理环境目前只有15.03平方千米，其中茅台老厂区为8平方千米，中华片区为7.03平方千米。

表6-10为贵州茅台自2016年开始披露的茅台酒产量。2019年，茅台酒产量为4.99万吨。贵州茅台的管理层曾多次向媒体吹风，强调茅台酒的极限产能为5.6万吨。2019年12月23日，遵义市委常委、常务副市长胡洪成赴茅台集团调研，茅台集团党委副书记、总经理李静仁在座谈会上透露，茅台将在“十四五”期间形成茅台酒5.6万吨、系列酒5.6万吨、习酒近5万吨的产能规模。

表 6-10　2016—2019 年茅台酒产量

年　　份	2016 年	2017 年	2018 年	2019 年
茅台酒产量（吨）	39312.53	42828.59	49671.69	49922.71

数据来源：巨潮资讯网贵州茅台公司年度报告。

我们真的无法准确判断出五年以后茅台酒的产量，也不能准确判断出茅台酒十年的销量。那是因为茅台酒厂的设计产能和实际产量常常存在误差，老厂区产能可能会突破设计上限，而中华片区产能可能因为菌群质量要求存在不确定性。我们本着**保守主义投资思想**，将茅台酒产能的天花板设定在其管理层说的 5.6 万吨。这样，8～10 年后茅台酒总销售量最高可能为 5.5 万至 6 万吨，这意味着可以销售的茅台酒有 1.1 亿至 1.2 亿瓶。

如果 2029 年的出厂均价比目前 1000 元左右提升一倍至 2000 元/瓶，茅台酒可以产生 2200 亿至 2400 亿元收入，再加上 300 亿元左右的系列酒收入，合计为 2500 亿至 2700 亿元。扣除增值税后营业收入为 2130 亿至 2300 亿元。贵州茅台在 2015—2019 年平均净利润率为 46.99%，我们考虑到其渠道优化和产品优化等因素，将未来十年的净利润率估算为 48%～50%。

经过这样的保守估算，2029 年贵州茅台达到极限产能后归属于上市公司股东的净利润在 1020 亿至 1150 亿元。相对于 2019 年的 412.06 亿元复合增长 11.74%～13.01%。

让我们对照一下估值的标尺，11.74%～13.01% 对应的市盈率为 19.36～20.83 倍。2020 年贵州茅台的内在价值为 9486.4 亿至 10206.7 亿元（2020 年贵州茅台税后净利润按 490 亿元估算，即 490 亿乘 19.36 倍至 490 亿乘 20.83 倍）。

三、 贵州茅台2020年股价暴涨

不需要进行太多的数据分析，我就能感觉到2020年A股温度已然不低了。不光是被市场爆炒一年多的“芯片国产替代概念”和“新冠肺炎疫情医疗医药概念”，茅台、五粮液、恒瑞医药、海天味业和青岛啤酒……这些业绩稳定的优质公司也迎来了“确定性泡沫”。是的，我判断那就是一个泡沫。这些公司的静态市盈率水平已经超过1972年美国漂亮50崩溃前的水平了。

如表6-11所示，1972年美股数据来源于《戴维斯王朝》，A股2020年数据来源于2020年7月最高股价对应2020年静态市盈率（估算）。

表6-11　中美两国漂亮50估值

1972年美股	股价（美元）	市盈率	2020年7月A股高点	股价（元）	市盈率
宝丽来	63	97	贵州茅台	1787	46
迪士尼	6.5	82	五粮液	226	44
雅芳	68	63	泸州老窖	131.50	37
舒立兹啤酒	58	37	青岛啤酒	89.37	97
可口可乐	3	44	燕京啤酒	8.27	204
麦当劳	3.75	75	恒瑞医药	105	88
吉列	4	25	片仔癀	208	80
庞氏	44	40	迈瑞医疗	358.98	73
百事	1.6	27	药明康德	117.19	90
IBM	80	36	伊利股份	36.63	32
强生	5.4	60	海天味业	152	79

（续）

1972年美股	股价（美元）	市盈率	2020年7月 A股高点	股价（元）	市盈率
宝洁	14	33	涪陵榨菜	41.66	50
默克	5	45	安琪酵母	69.48	51
辉瑞制药	7	41	宁德时代	224.29	134
礼来制药	10	43	立讯精密	61.12	44
漂亮50平均		42.70			77

数据来源：《戴维斯王朝》和新浪股票。

在2020年用估值的标尺为A股诸多优质公司测量内在价值，一定会激起不少人的讥笑。是啊，明明茅台的股价已经高达1800元，我却说贵州茅台保守估算的内在价值只有800元左右？人们一定会认为："这个家伙脑子一定出问题了！"难怪老谭说："估值的标尺失效了？"

这是由于投资者和投机者思考角度不同所致，市场绝大多数投机者是结果导向，也就是说是股价导向，而投资者是逻辑导向。在经济面临诸多不确定性的时候，那些确定性强的公司，如贵州茅台和恒瑞医药不光吸引长期投资者的注意，也很容易吸引投机者的关注。

我想有三种力量在不断锁定并推高贵州茅台的股价：

1. 优质公司的长期投资者。这些人拥有坚定的投资信仰，他们在合适的价格买进优质公司的股权，并持有10~20年，他们手中的筹码很难松动。

2. 结果导向的投机者。我身边就有好几个企业主朋友，他们十年前炒股票时不会对贵州茅台感兴趣，他们更不会买进200元、300元甚至500元的茅台股票。但他们现在对待贵州茅台和恒瑞医药的股票竟然像收集邮票一样只买不卖。

人类是喜欢思考的物种，贵州茅台和恒瑞医药在过去十年为长期投资者带来丰厚回报的结果，让很多人用后视镜看得一清二楚。于是，人们会思考和总结："某某人是靠买入并持有茅台赚了大钱!"于是，越来越多的人学会了买入并持有好公司的股票。市场中千千万万的个人投资者甚至还有基金经理汲取了过去十年的经验教训，用900元、1100元甚至1300元买进了贵州茅台的股票，他们不打算卖掉股票，股价不断地被推高，他们获利了，于是更加坚定地认为：买入持有优质公司的策略是无比正确的。

3. 使用现金流贴现的基金经理。巴菲特认为：一家企业的内在价值是这家企业存续期内自由现金流贴现的总和。我觉得巴菲特对内在价值的定义是准确的，但我不相信企业存续期的自由现金贴现是可以计算的。因为没有人能知道30年以后的事情，没有人知道一家企业的寿命到底有多长，风险贴现率又应该按多少计算，这些都是上帝才知道的答案。就连查理·芒格都说过："我从来没看见沃伦算过那个东西。"

金融院校的毕业生们没做过生意，但他们人人手中都有学校教授给他们的计算公式。企业自由现金流贴现概念是正确的，但利用假设计算完全就是错误的。因为100年以后的假设只有100年以后的人才知道，金融书生们计算出来的企业内在价值往往和真实情况差别非常大。但我们必须承认，掌握市场定价权的基金经理和研究员们就是通过计算这个公式来买卖股票的。

我不知道下个月、下个季度甚至2021年贵州茅台的股价是多少，但我知道40倍以上的静态市盈率并不是常态。贵州茅台的股东希望茅台的股价长期在40倍以上，那不过是人们的一厢情愿。

2001—2020 年，贵州茅台年末收盘静态市盈率低于 20 倍水平的年份有八年，20 ~ 30 倍收盘的年份有五年，30 ~ 40 倍收盘的年份有四年，超过 40 倍收盘的年份只有三年，分别是 2006 年的 50.13 倍、2007 年的 70.64 倍和 2020 年 1828 元下的 47 倍。在过去的 20 年间，收盘在 30 倍市盈率以下的年份占比 65%，超过 40 倍的年份仅有 15%。我在本书第五章中“价格是你付出的，价值是你得到的”一节论述过高估值买进优质公司的代价，建议大家再回看一下。

第五节　保险股：是机会还是陷阱

保险行业存在投资机会吗？无论是作为本书作者还是资产管理行业的从业人员，我都不会向任何人推荐任何公司的股票。但我很愿意通过本书向大家分享我对保险行业的看法。

2020 年，房地产、银行、保险三大行业的股票成为基金经理抛售的对象。房地产行业头顶悬着高房价的达摩克利斯之剑，银行业的达摩克利斯之剑是对公贷款坏账。聪明的资本市场对高杠杆行业保持着距离，保持着警惕。

寿险行业头顶上也悬着一把达摩克利斯之剑，那就是利率下行导致寿险行业利差损。20 世纪 90 年代的日本寿险业和 2008 年金融危机后的中国台湾寿险业都出现过严重的利差损。保险公司在经济繁荣时期销售了大量高预定利率保单，如日本寿险公司在经济泡沫阶段为了抢占市场份额，卖出了大量预定利率最高为 6.25% 的储蓄保险单和年金。随着日本 GDP 增速的下行，日本的十年期国债收益率从 1991 年的 8% 一路下跌到 1999 年的 2%

左右。叠加股票市场暴跌和房地产市场崩溃，日本寿险业出现严重的利差损，大量日本寿险公司倒闭，保险公司股价暴跌。20世纪90年代中期，中国台湾寿险业也卖出了大量6%～8%预定利率的高成本保单，这些保单多为终身缴付型，这导致2008年金融危机后很多外资保险巨头不惜成本地撤出台湾市场。

市场很担忧中国像欧美日等发达国家一样进入低利率甚至零利率时代。本来中国经济的GDP增速就降低，2020年开始又面临着新的困难和挑战，中美贸易摩擦可能导致的外贸订单冲击，新冠肺炎疫情全球扩散让国内消费市场面临重重压力，这都会成为十年期国债收益率加速走低的诱因。中国十年期国债收益率从2018年1月份的高点4.12%一路走低，2019年全年下降到3.07%～3.48%这个水平，进入2020年跌破3%，最低至2.49%。中国保险公司股价也随之暴跌（见表6-12）。

表6-12 中国保险公司股价数据

	2019年股价高点	2019年末收盘股价	2020年股价低点	从2019年高点涨跌幅度	2020年涨跌幅度
中国平安A（元）	92.50	85.46	66.00	-28.65%	-22.77%
中国人寿A（元）	36.30	34.87	23.97	-33.97%	-31.26%
中国太保A（元）	40.40	37.84	26.00	-35.64%	-31.29%
新华保险A（元）	64.99	49.15	37.88	-41.71%	-22.93%
中国平安H（港元）	101.00	92.10	69.00	-31.68%	-25.08%
中国人寿H（港元）	23.35	21.65	11.64	-50.15%	-46.24%
中国太保H（港元）	34.75	30.70	17.90	-48.49%	-41.69%
新华保险H（港元）	46.95	33.50	20.45	-56.44%	-38.96%
中国太平（港元）	26.55	19.32	11.12	-58.12%	-42.44%
友邦保险（港元）	88.50	81.80	60.05	-32.15%	-26.59%

数据来源：新浪股票数据。

股价暴跌，对持有保险公司股票的投资者肯定不是什么好消息，但对想要捕捉机会的猎手那就不一样了。有些行业和公司因为基本面恶化，股价跌下去就再也涨不回来了；有些行业和公司则只是因为市场大多数人短时的担忧或者对未来的误判，股价暴跌意味着投资者可以用更便宜的价格买进更多的股票，等待市场对基本面担忧消散和股价恢复后获得丰厚收益。中国保险业在2019—2020年股价暴跌到底是机会还是陷阱呢？这是对未来认知的博弈，最后的结果需要时间去验证。我个人很愿意分享对保险行业的看法。

一、中国保险业和银行业、房地产行业的不同

保险、银行和房地产都是高杠杆行业，其中保险和银行的杠杆更高一些。股票市场担忧经济下行时，人们会刻意回避这些高杠杆行业。但现阶段，中国保险业和银行业、房地产行业有两大不同：第一是行业发展阶段不同，第二是资产流动性不同。

我判断，中国房地产整个行业已经基本触顶，2019年的17亿平方米即使不是行业顶部也是顶部区域。2019年，中国城镇新增人口为1706万人，创了2000年以来20年的新低。万科、保利地产等房地产龙头公司的销售规模依然还会增长，但最多还有一倍的空间，毕竟万科在2019年的销售金额已经高达6308.4亿元。银行业会跟随中国经济整体增速小幅增长，但挑战不小。因为像茅台、五粮液这样现金流充裕的企业不需要银行贷款，而像中国移动和万科这样需要贷款又不产生坏账的大型企业早已经

被银行业瓜分完毕，如果中国经济不能在未来保持有质量的增长，银行业增量贷款客户可能成为风险而非利润。保险行业的特点是滞后于国家的经济发展。

中国 GDP 总量在 2010 年超过了日本成了世界第二，但中国保险业保费总规模是在七年以后的 2017 年才超过日本。毕竟人们要先解决了衣食住行，才会想到购买保险。在过去十年，中国保险业的总保费收入从 2009 年的 1.11 万亿元增长到 2019 年的 4.26 万亿元，复合增速高达 14.37%。中国保险业是成长非常好的行业，目前依然在成长中，未来十年中国保险行业保持两倍 GDP 增速应该是可以预期的。

房地产公司的资产主要是土地储备和待售的房屋产品，只要不出现房价暴跌，房地产公司的资产负债表就会比较干净。商业银行的主要资产是贷款和债券，对公贷款是质量非常难以评估且流动性很差的资产，资产管理公司可能会以 2 ~ 3 折的价格收购商业银行的贷款坏账包，我们不会听说保险公司的债券/股票投资组合以 2 ~ 3 折的价格被出售。保险公司虽然会持有一些不动产或者基础设施投资，但主要的资产都是流动性非常好的股票、基金、债券和定期存款。相对于银行业复杂的资产负债表，保险业资产质量更加让人放心。

二、 中国大陆寿险业与日本和中国台湾发展阶段不同

根据信达证券 2020 年 5 月的保险业研究报告：日本寿险业的高速发展阶段是 1950—1989 年。1955 年日本商业寿险深度只有 1.1%，1988 年达到 9%。1991 年日本经济泡沫破灭后，经济

增速下行，利率也进入下行通道。而日本保险行业保费总收入在20世纪90年代几乎没有增长，保险深度在90年代末下降至8.6%。这是由于早在80年代日本普通家庭的投保率已经超过90%所致，寿险行业早已触顶。

抗战胜利后，中国台湾寿险业开始起步，1945—1985年是发展的萌芽阶段。1986—2000年是台湾寿险业的高速增长期。2018年，台湾地区GDP总量仅排在全球第21位，但当年1219亿美元的规模保费收入占到全球总保费收入的2.35%，排名全球第10位。台湾目前是亚洲保险业最发达的地区，2019年保险渗透率高达20.9%，排名全球第一位。台湾寿险业总市场规模也早已触顶。

如表6-13所示，2018年，中国大陆保险深度为4.4%，低于所有发达国家水平，也低于全世界平均保费深度5.4%。2019年，中国保险业规模保费总收入为4.26万亿元，也仅相当于中国GDP总量99.09万亿元的4.3%。中国大陆的保险业尤其是寿险业还有非常大的发展空间。如果未来十年中国GDP可以保持3%~4%的增速，2029年GDP总规模将达到133.17万亿至146.68万亿元。假如2029年中国保险深度达到5%~6%，保险业规模保费将达到6.66万亿至8.8万亿元（2019年为4.26万亿元）。

表6-13　2018年保险深度比较

	美国	英国	法国	德国	意大利	日本	韩国	中国大陆	平均
保险深度	6.4%	9.1%	8.6%	4.7%	7.8%	7.7%	10.8%	4.4%	5.4%

数据来源：信达证券保险业深度报告。

三、 中国寿险业在过去十年不断优化

在过去十年，整个中国寿险业的渠道结构和产品结构都在持续优化。2009 年，平安寿险 74.25% 的保费收入通过代理人渠道带来，20.66% 的保费收入是通过银保渠道销售。2019 年，平安寿险代理人渠道保费收入占比提升至 84.11%，团体险和互联网渠道保费收入占比 12.89%，银保渠道保费收入仅占总保费收入的 3%，平安寿险对银保渠道几乎没有依赖。2010 年，中国人寿有 49.6% 的保费收入依赖银保渠道，2019 年下降到 12.35%。银保渠道成本低、见效快，但销售保单的趸交比例高、退保率高，为寿险公司带来的新业务价值相对于代理人渠道要低很多。银保渠道是寿险行业萌芽阶段和饱和阶段比较好的渠道选择，但中国寿险业目前仍处于快速发展阶段，成本高一些但更专业的代理人团队能带来更高质量的保障型期缴保单，而且退保率更低，大大提升了寿险公司的新业务价值。

寿险产品分为储蓄型保险和保障型保险，长期健康险和短期意外险都属于保障型保险。十年以前，中国保险客户在观念上很难接受保障型保单，大家会觉得自己买保险的钱只出不进，还是有进有出的储蓄型保单更好一些，寿险行业销售更多类似于理财产品的分红险和万能险。

如表 6-14 所示，2009 年，中国寿险行业的保障型保单占比仅为 9.73%，至 2019 年已经提升至 26.59%。我们可以从数据中看到，2009—2019 年中国寿险业保障型保费收入从 804.03 亿元增长到 8241 亿元，复合增速高达 26.20%，比整个寿险业保费

收入增速14.14%快了12.06个百分点，而且这种产品优化的趋势仍在持续中。银保监会“保险姓保”的理念在不断影响寿险业的保障意识。而寿险公司也非常愿意向20~30岁的年轻人销售70~80岁以后才可能理赔的长期健康险。保障型保险比例越高，对利率波动的敏感度越低，寿险公司的新业务价值贡献也越高。在2015年，新华保险在董事长万峰先生的带领下开始产品优化的转型，要质量不要市场规模，转型过程无疑是痛苦的，但结果是令人欣喜的。2019年，新华寿险的保障型产品占比高达38.22%，远远高于行业水平26.59%。

表6-14　寿险公司2009—2019年保费数据比较

（单位：亿元）

年　份	寿险保费总收入	平安寿险银保渠道占比	人寿银保渠道保费占比	寿险业保障型保单收入	寿险业保障型保单占比
2009年	8261.47	20.66%		804.03	9.73%
2010年	10632.33	16.48%	49.60%	952.82	8.96%
2011年	9721.43	10.12%	45.53%	1025.84	10.55%
2012年	10160.00	6.83%	39.93%	1249.00	12.29%
2013年	11009.98	5.10%	32.99%	1584.84	14.39%
2014年	12690.28	5.48%	30.16%	2129.75	16.78%
2015年	15652.30	4.32%	29.13%	2410.41	15.40%
2016年	21484.72	4.42%	25.15%	4042.50	18.82%
2017年	26039.53	3.12%	22.17%	5290.73	20.32%
2018年	26260.87	2.72%	14.34%	6523.68	24.84%
2019年	30995.00	3.00%	12.35%	8241.00	26.59%
复合增速	14.14%			26.20%	

数据来源：百度搜索保险行业数据和巨潮资讯网。

寿险公司每年获得的新保单就好比向水池中不断注入新水的水龙头，源源不断地向寿险公司提供新业务价值。而在这些新保单中，续期时间长的保障型保单对新业务价值的贡献最大。保险业是“费用前置，利润后置”的行业，和银行业“利润前置，风险后置”的行业特征完全不同。寿险公司销售一张 20 年期缴的寿险保单时，会将保单产生的费用计入第 1 年，所以这张保单在第 1 年会产生亏损，但只要保单没有退保，持续缴费，寿险公司从第 2 年到第 20 年，只需要按合同规定理赔和计算这张保单的利润，并不需要做别的什么工作。续期保单有点像水池中的蓄水，即使某一年寿险公司没有卖出一张新保单，续期业务也是会为股东产生可观利润的，源源不断的新保单只会让水池中的蓄水位不断抬升。

四、 中国保险公司内含价值不断提升

我们可以把寿险公司的内含价值理解为清算价值（内含价值 = 扣除要求资本成本后有效业务价值 + 调整后的净资产）。也可以更通俗地去理解：寿险公司的清算价值等于账面资产加上存量保单利润贴现的总和。在过去十年，保险公司的规模不断扩张，产品结构和渠道结构不断优化，内含价值和一年期新业务价值持续提升。2009—2019 年，中国平安的内含价值从 1552. 58 亿元增长到 12005. 33 亿元，复合增长 22. 7% （见表 6-15）。平安寿险一年新业务价值从 2009 年的 139. 45 亿元增长至 2019 年的 759. 45 亿元，复合增长 18. 47% （见表 6-16）。

表 6-15　中国保险公司 2009—2019 年内含价值比较

年　　份	中国平安（亿元）	中国人寿（亿元）	中国太保（亿元）	新华保险（亿元）	中国太平（亿港元）
2009 年	1552.58	2852.29	983.71		136.28
2010 年	2009.86	2980.99	1100.89	280.84	175.11
2011 年	2356.27	2928.54	1135.64	489.91	172.29
2012 年	2858.74	3375.96	1352.80	568.70	221.72
2013 年	3296.53	3422.92	1443.78	644.07	375.37
2014 年	4588.12	4549.06	1712.94	852.60	624.32
2015 年	5515.14	5602.77	2056.24	1032.80	979.80
2016 年	6377.03	6520.57	2459.39	1294.50	1024.74
2017 年	8251.73	7341.72	2860.77	1534.74	1254.10
2018 年	10024.56	7950.52	3361.41	1731.51	1395.63
2019 年	12005.33	9420.87	3959.87	2050.43	1601.66
复合增速	22.70%	12.69%	14.94%	24.72%	27.94%

数据来源：巨潮资讯网和披露易年报数据。

表 6-16　中国寿险公司 2009—2019 年一年新业务价值数据比较

年　　份	中国平安（亿元）	中国人寿（亿元）	中国太保（亿元）	新华保险（亿元）	中国太平（亿港元）
2009 年	139.45	177.13	50.00		13.53
2010 年	155.07	198.39	61.00	47.41	18.27
2011 年	168.22	201.99	67.14	43.60	22.44
2012 年	159.15	208.34	70.60	41.72	23.04
2013 年	181.63	212.94	74.99	42.36	31.48
2014 年	219.66	232.53	87.25	49.12	43.26
2015 年	308.38	315.28	121.70	66.21	70.75
2016 年	508.05	493.11	190.41	104.49	91.15

（续）

年　　份	中国平安（亿元）	中国人寿（亿元）	中国太保（亿元）	新华保险（亿元）	中国太平（亿港元）
2017 年	673.57	601.17	267.19	120.63	136.38
2018 年	722.94	495.11	271.20	122.10	132.37
2019 年	759.45	586.98	245.97	97.79	105.11
复合增速	18.47%	12.73%	17.27%	8.38%	22.75%

数据来源：巨潮资讯网和披露易年报数据。

五、 中国寿险行业保单成本可控

1976—1992 年日本寿险业销售了 16 年预定利率为 5% ~ 6.25% 的保单，随着经济泡沫被刺破，长期利率走低再叠加股票市场、房地产市场价格暴跌，日本寿险公司出现严重利差损，因为日本寿险公司不能用不足 3% 的资产收益率覆盖存量保单成本。日本寿险行业在 20 世纪 90 年代初期接近饱和又让日本寿险公司没有新鲜保单注入。那个时期的日本寿险业是内外交困、雪上加霜。

中国寿险业和 20 世纪 90 年代初期的日本寿险业情况没有太大可比性，那是因为中国寿险业还远未达到行业天花板，未来数年新保单会源源不断注入寿险公司，而中国寿险业存量保单成本可控。20 世纪 90 年代，刚刚开始起步的中国寿险业曾经遭遇过严重的利差损危机。1996 年，寿险业预定利率曾高达 10%，这让当时中国寿险行业产生了超过 500 亿元的潜在亏损。1998 年 11 月 18 日，中国保监会成立。在消化原有问题的同时，1999 年 6 月至 2012 年 7 月，监管层将寿险业预定利率锁定到 2.5%，长达 13 年。低成本的新保单控制住了寿险业的风险，但也降低了中国寿险的发展速度。2013 年，中国寿险行业开始费改。2013 年 8 月至 2019 年 8 月，行业最高预定利率上调至 4.025%，2019 年 8 月至今又下调至 3.5%。也就是说，中国寿险业保单最高成本是 4.025%，而且是 6 年时间。我们的行业保单成本压力远远小过日本长达 16 年的 5% ~6.25% 的水平。

目前，中国寿险公司健康险成本大概在 1.5% ~2%，传统分红险预定利率为 2.5%，年金险预定利率为 3.5%，个别中小型寿险公司在某一阶段销售过部分 4.025% 的保单，但数量不大、风险可控。进入 2020 年，保险行业面临利率下行冲击，但受冲击更大的是新增保单。存量保单相应匹配了对应的资产，可以对抗一定程度的利率下行压力。当下中国寿险业确实存在存量保单和投资资产久期缺口的问题，需要寿险公司更好地配置投资资产来提高资产收益率。根据方正证券的报告：目前中国寿险业金融资产久期普遍低于负债久期，存在久期缺口。平安寿险久期缺口约 6 ~7 年、中国人寿约 5 ~6 年、中国太保约 10 ~11 年、新华保险约 6 ~7 年。

总体来说，中国经济仍然在保持一定增速的增长中，中国寿险业远未触顶。源源不断的新保单注入寿险业的蓄水池，寿险业也可以通过降低预定利率管理新保单的成本。存量保单对应了大量高收益率的投资资产，虽然存在负债和资产配置的久期缺口，但保险公司仍然有调节空间。即使中国十年期国债收益率长期维持在 2.5% 左右，寿险公司依然能获得 3% ~4.5% 的资产收益率。中国寿险业产生利差损的风险不大。寿险公司还可以通过加大销售保障型保单和降低运营成本，用死差益和费差益去抵消可能的利差损。

六、 中国保险公司的估值水平

中国保险公司的规模在不断扩大，渠道和产品结构在不断优化，内含价值在持续提升，但市场售价在不断降低。中国太保 H 股在 2009 年末收盘市值为 2621. 25 亿港元，到 2019 年末收于 2782. 03 亿港元，十年间市值仅增长 160. 78 亿港元。但中国太保的内含价值却从 2009 年末的 983. 71 亿元增至 2019 年末的 3959. 87 亿元，十年增加 2976. 16 亿元。2020 年，中国太保 H 股更是跌至 1622. 1 亿港元，仅相当于 2019 年末内含价值的 0. 41 倍（见表 6-17）。

表 6-17　中国保险公司估值比较

	2020 年最低市值	2019 年末内含价值	市值/内含价值
中国平安 A（亿元）	12024. 49	12005. 33	1. 00
中国人寿 A（亿元）	6775. 05	9420. 87	0. 72
中国太保 A（亿元）	2356. 12	3959. 87	0. 59
新华保险 A（亿元）	1181. 86	2050. 43	0. 58
中国平安 H（亿港元）	12571. 06	12005. 33	0. 95
中国人寿 H（亿港元）	3290. 01	9420. 87	0. 32
中国太保 H（亿港元）	1622. 10	3959. 87	0. 37
新华保险 H（亿港元）	638. 04	2050. 43	0. 28
中国太平（亿港元）	399. 65	1601. 66	0. 25
友邦保险	7260. 41（亿港元）	619. 85（亿美元）	1. 51

数据来源：巨潮资讯网和新浪股票数据。

以上是我在 2020 年对中国寿险业的观点分享，我没有得出任何结论。到底是投资机会还是投资陷阱？需要投资者自己去做判断。

第七章

伟大的人性博弈

第一节　投资者需要学一点心理学知识

沃伦·巴菲特的儿子霍华德·巴菲特说："我父亲是这个世界上第二聪明的人，那个比他还聪明的家伙就是查理。"怀着对查理·芒格深深的好奇，在孟总的推荐下，我翻开了《穷查理宝典》。

这本书看第一遍时感觉有些难懂。几个月后，我又翻看了第二遍，竟突然发现了宝藏。难怪有人说："《穷查理宝典》是投资行业的圣经。"查理·芒格的很多思想至今都深深地影响着我。他认为，所有的专业人士都需要有更多跨学科技能。对于投资者而言，不光需要掌握会计学知识，数学和历史学科的知识，还需要学习一些心理学知识，补上自己的短板。查理会挖苦那些习惯于用单学科知识解决问题的"独角兽"们："对于那个只会拿着锤子的人而言，所有的问题都像是钉子。"我可不想把自己在工作中遇到的问题都看成一颗颗钉子，我需要听从查理的劝告。

伯克希尔·哈撒韦是沃伦·巴菲特和查理·芒格共同创造的奇迹。作为目前世界上最大的保险公司，伯克希尔·哈撒韦一股股价卖到了30万美元左右，作为副董事长的查理·芒格无疑是这个世界上少有的智者。《穷查理宝典》很好地诠释了查理·芒格的思想。该书最重要的章节是第十一讲"人类误判心理学"，那是我读过的最好的心理学论述。查理·芒格的很多观点是从对社会昆虫的了解中提炼出来的，这些昆虫很漂亮地证明了神经系统细胞在进化过程中固有的局限。

蚂蚁和人类相同，都是活体结构加上神经细胞中的行为程序构成。就蚂蚁而言，其行为程序只有少数几种，而且几乎全部来自遗传。蚂蚁有限的神经系统不但容易受环境欺骗，而且还会遭到其他生物的操控。蚂蚁和人类的从众行为是一模一样的，这源于蚂蚁神经系统里有一种简单的行为程序，引导蚂蚁在爬行时跟着前方的蚂蚁走。如果在蚂蚁爬行时把它们弄成一个圆圈，它们有时候会愚蠢地不停地走啊走，直到死亡为止。查理认为，由于存在许多过度简化的思维程序，人类大脑的运转必定常常出现问题，就像蚂蚁的神经系统一样。

查理为我们归纳了 25 种人类误判心理学倾向，让我们在生活和工作中能够看得更清楚。就好比我们在管理公司时常常对如何调动员工的积极性不知所措。查理·芒格用本杰明·富兰克林的一句话告诉了我们答案："如果你想要说服别人，要诉诸利益，而非诉诸理性。"是的，人类受到"奖励和惩罚超级反应倾向"的影响是很大的。所以每家企业和每个部门必须制定行之有效的绩效考核机制，并需要和个人的切身利益紧密地挂起钩来。

查理为我们讲述了联邦快递的案例："联邦快递系统的核心和灵魂是保证货物按时送达，它必须在三更半夜让所有的飞机集中到一个地方，然后把货物快速地转发到各架飞机上。如果某个环节出现延误，联邦快递就无法把货物及时地送到客户手里。曾经有一段时间，联邦快递的夜班工人总是不能按时完成工作。管理层对工人晓之以理、动之以情。他们用尽了各种各样的方法，但就是没有效果。

最后，有一个人终于想明白了：公司并不希望职员工作时间越长越好，而是希望他们快速地、无差错地完成某项任务，所以按小时来支付夜班薪水的做法是很傻的。也许改成按班次支付薪水，并允许夜班工人在所有货物装上飞机之后提前回家，这样会更好。这种方法果然奏效了。“祖母的规矩”对提高工作效率也很有帮助。“祖母的规矩”要求孩子们在吃甜点前先要把他们不爱吃的胡萝卜吃掉。把“祖母的规矩”应用到工作中，领导可以要求员工先完成他们不喜欢但必要的任务，再奖励他们去处理自己喜欢的工作内容。在生活中，我也曾试着学习这么管理我的儿子，我会要求他先陪爸爸妈妈逛完父母需要买的东西，最后再把他带到最喜欢的耐克专卖店。

人类和蚂蚁一样，都有从众的行为。我在北京早上开车就发现，几乎所有的车都驶入拥堵的二环路主线，人们无奈地慢慢地挪行，但辅路明明是不堵的。为什么会是这样呢？查理·芒格告诉我们答案。人类很容易受到“避免怀疑倾向”和“社会认同倾向”的心理影响。例如，在陌生城市想去看一场盛大的音乐会，跟着街道上人流走是最简单的方法。人类是群居动物，我们的祖先为我们留下了从众的基因。在远古时代，人类在大自然中风餐露宿，不时会受到大型野兽的攻击。在危险突然降临时，停下来想一想显然是非常不明智的。

我们那些善于思考的祖先早早被野兽吃掉了，跟着大多数人的方向快速逃命无疑是活下来最明智的选择。人们的从众基因一代一代地传递了几万年，这也是人类证券历史上一个又一个泡沫崩溃的根源。巴菲特和芒格是少有的基因变异者，他们能够很好地管理自己的情绪，做到“别人贪婪的时候我恐惧，别人恐惧的时候我贪婪”。

我们经常会遇到自以为是的人，我们自己偶尔也会过高地估计自己的能力。瑞典曾经对全国的司机做过调查，90%的司机认为他们的驾驶技术在平均水平以上，就好像所有到证券公司开户的股民都认为自己可以赚到钱，但大多数股民确实是赔钱的。人类都有自视过高的心理倾向，我们在工作和生活中需要努力避免这种心理倾向的影响。

要做到“谦虚使人进步”真的很不容易。人们还会受到“艳羡和妒忌倾向”影响。犹太文明认为，妒忌心理是极其邪恶的。巴菲特也不止一次明智地指出：“驱动这个世界进步的不是贪婪而是妒忌。”人们在工作过程中，常常会因为同事升职或者奖金多了一点点就心情糟糕，那是人类基因中正常的反应，但“妒忌”恰恰是我们要和“自视过高”同样克服的心理倾向。

这些心理倾向对我们工作的影响有积极的一面也有消极的一面。“避免不一致性倾向”就是这样。人们很少能改掉自己多年的坏习惯，在生活中，我们见到过太多戒过多次烟瘾的男士。工作中，人们有时候很难主动接受新事物和新思维，并不是由于新东西太过复杂，而是因为和人们原来习惯的东西不一致。

这仅仅是分享了查理·芒格一点点的智慧，《穷查理宝典》这本书实在是太好了！还有太多的内容需要我们去细细品味。

第二节　A 股的非理性泡沫

我很赞同《非理性繁荣》作者对泡沫的定义。股票市场泡沫是市场非理性繁荣的结果。人们像浸泡在肥皂水的一个个小分子一样不安分，会不定期地躁动，吹出一个又一个大泡泡来。就像癫疯病人定期发作一样，A 股市场每隔几年会出现非理性泡沫，然后必是信心崩溃。每一次暴涨暴跌都让千千万万的 A 股投资者痛苦不堪，更让股票市场成为宏观经济管理部门的负担。

这其中尤以2007年和2015年的疯狂为甚，上证指数从2005年6月的998.23点开始，在28个月的时间内于2007年10月份上涨到6124.04点，涨幅高达513.49%。6124.04点也成为未来12年中国股民遥望的珠峰。大型企业股价在2007年的非理性泡沫中创出了令人瞠目结舌的高度，中国石油在那一年成为全宇宙最贵的公司，IPO当天市值最高达8.9万亿元，整整是2019年末收盘市值1.067万亿元的8.34倍。2008年股票市场的崩溃让上证指数在12个月后跌到1664.93点，跌幅为72.81%。

冷静下来的人们惊叹："我们再也见不到8.9万亿元的中国石油了!"但非理性泡沫怎么可能从A股市场消失呢？上证指数从2014年3月的1974.38点再次开始了历时15个月的疯狂上涨，至2015年6月最高达到5178.19点，涨幅为162.27%。随后又是雪崩似的崩塌，八个月时间内下跌到2638.3点，跌幅为49.05%。管理层不得不动用2万亿元资金救市。

非理性泡沫带来的股票市场暴跌，让太多的家庭丢失了血汗钱，很多人因此丧失了对生活的信心。股民们呆若木鸡地坐在电脑前，他们浑身无力，苍白的脸上已经流干了眼泪。人们搞不清楚，自己的钱怎么就没了？人们更想不明白，这个世界到底怎么了？

一、 金融人士的疯话

如果社会大众不能在非理性泡沫发生时保持理性，那么接受过专业训练的金融人士是不是会冷静一些呢？答案是否定的。即使是金融专业人士，也很难在股价的快速上涨前保持矜持。毕竟一行行红灿灿的数字可以变成一堆堆真实的钞票！那太刺激肾上腺素了！让我们回忆一下专业人士们在股市泡沫中说过的疯话吧！

2013 年的疯话：

1. 基金某高管博客观点："未来中国的投资机会会在科技和互联网，移动互联网是未来的方向，投资者应该把钱投到 TMT 上去，创业板因为高增长在未来三年存在很大机会。"

2. 国内 TMT 行业某金牌分析师演讲："投资你最终买的是什么？投资买的不是 PE，也不是 EPS。说得高雅一点，投资买的是企业家精神；说得不高雅一点，投资买的是情绪。大家把这个情绪，把未来的希望寄托在了 TMT 行业上。"

2015 年的疯话：

1. 某大型保险投资经理大言不惭地讲道："股票投资谈基本面，就输在了起跑线。"

2. 某知名券商首席分析师说出更恶心的话："就买烂公司，哪个烂买哪个。"

2007 年以前，中国宏观经济的靓丽数据让市场如醉如痴，人们想当然地认为繁荣必将永远拥抱中国，即使为中国石油付出近 100 倍市盈率也不过分。2013 年的 A 股再次为创业板痴狂，更多的人相信了某基金高管的观点："创业板代表着新经济，新经济代表着中国的未来！"人们在简单联想基因和乐观情绪的趋势下，说了太多的荒唐话，做了太多的荒唐事，最后付出了惨痛的代价。

某美女分析师被乐视网创始人 PPT 上显示的七大生态系统彻

底迷倒，喊出了1000亿元市值的目标价。事实上，在一轮又一轮的买进中，这家公司的股价不断被推升，最高竟然突破1500亿元。当时乐视网的市值可以买下拥有6000亿元总资产且年盈利能力为200亿元的房地产龙头万科。

要知道，乐视网在2015年末的账面资产仅不足40亿元。有私营企业老板关掉自己的公司，把几千万甚至上亿元的金钱投入到乐视网的新经济泡沫中，更有中产阶层知识分子流着眼泪把所有的积蓄交给了贾跃亭先生。上百只公募基金将乐视网股票配成了重仓股，私募大佬们也是看着这家公司不断上涨的股价羡慕得咬牙切齿。

乐视网在创业板的小兄弟们在牛市盛宴中更是百花齐放。2014年仅盈利4000万元的某视频网站创始人在IPO敲钟时喊出“300倍市盈率不是梦！”其后该公司被炒到360亿元市值，PE高达900倍。某小型房企将公司名字改成“P2P”，马上迎来六个涨停板。一家在居民楼办公的互联网教育公司成为公募基金追逐的宠儿，市值高达500亿元。

看着每天注定暴涨的创业板，人们既看不懂又舍不得不参与。某基金经理接受CCTV采访时，给出了这样的解释：“现在不能看市盈率，京东都不赚钱，创业板好歹还能赚点。”地铁车厢里，百货商场的柜台旁，甚至十字路口的斑马线上，到处是用手机翻看股票行情的股民。在非理性泡沫面前，人们彻底疯了！

二、 A股非理性泡沫的成因

人类与生俱来的从众和迷信权威基因是非理性泡沫的最大成

因。我们的祖先在恶劣的生存环境下必须选择群居方式以抵抗自然界的挑战。那些喜欢独来独往的人陆陆续续被淘汰掉了，他们可能因为无法找到食物饿死，也可能被突然蹿出来的野兽吃掉了。人类祖先也早早就明白，大家必须聚在一起才能活下来。于是，人类自然而然就形成像野马种群一样等级分明的社会，级别低的人自觉地服从级别高的人领导。

从众和迷信权威基因在二战中的德意志人身上体现得淋漓尽致。那些虔诚的天主教徒和路德教徒不知不觉地被纳粹党训练成了杀人机器。人类祖先给我们留下贪婪、逐利、短视、妒忌、恐慌等诸多基因，尤其是从众和迷信权威，让股票市场的人们很难保持理性。人们会漠视显而易见的常识，选择在必然被吹破的泡沫中跳舞。第一批买进股票的人们推高了股价，而更高的股价刺激第二批和第三批……的人们不断涌入。股价被非理性的热浪一波又一波地推高，直到最后吹破那个肥皂泡沫。

还有一个问题，A 股从来就没有便宜过。即使是熊市阶段，A 股 80% 的公司仍处于高估状态，这确实是由半行政半市场的历史原因造成的。我们的 IPO 至今仍然不是市场化注册制，我们的股票市场也没有垃圾公司市场化退出的实质性安排。摆在管理层面前的确实是一堆似乎很难解决的难题，要么放任 A 股彻底崩溃，让股票市场长期造成的问题一次性出清，修正大部分公司的畸形定价。要么用时间换空间，用更多人的亏损换取少数人的破产。管理层无疑是选择了第二种。毕竟股票市场的崩溃可能带来社会动荡。

A 股有太多的上市公司一年的税后净利润不足 2000 万元，但我们却几乎没有几家 10 亿元市值以下的公司。股票市场应该起到社会资金市场化分配的作用，但A股资金错配是相当严重的。那些本应该只值两个亿的小公司在非理性牛市期间，被不理性的人们从20亿元炒到50亿元甚至上百亿元。如果不崩溃就没有天理了。这些上市公司真的很像屠宰场的一张张桌板，给中国股民留下了太多痛苦的记忆。

三、 如何面对非理性泡沫

我很不喜欢鸡犬升天的A股牛市。虽然那时我自己的资产也会水涨船高，但理性可能会在毫无逻辑的非理性泡沫中迷失。看着那些题材股票的一轮又一轮暴涨，看着投机者们赚得盆满钵满，那不啻是一种煎熬。很多人在迷茫中选择了放弃，他们选择向市场屈服，在大牛市中追入热点板块。即使可能在某个阶段给我们带来账户金额的虚增，但没有了理想，没有了信仰，放弃了常识和逻辑，会让人更加痛苦！

2013年，创业板在非理性的亢奋中暴涨82.8%，我持有的万科和茅台却连续下跌了13个月。对创业板泡沫的不理解，对万科和茅台股价下跌的失望，让我常常感到全身无力，而且无可奈何。我曾一遍一遍地思考自己的投资逻辑，百思不得其解。13个月的长时间煎熬甚至快压垮了我的身体，让我对生活感到绝望，更感觉这个世界不再美好！

这就是2013年创业板非理性泡沫留给我的记忆。即使在对未来不抱任何希望的时候，我的内心都会告诫自己：“你，宁可失败，也绝不要放弃原则！”我的原则是什么呢？那就是绝不炒股，绝不参与创业板非理性泡沫的盛宴。

我做到了！按照自己的内心做到了！坚持着沃伦·巴菲特的教诲，坚守逻辑和常识，内心守护着自己的理想和信仰。从2013年至今，我的资产总额几乎翻了10倍。比金钱更珍贵的是我给自己留下骄傲的回忆。这个世界还是公平的，并不像我在2013年曾经感到的那样不美好，更不像追逐创业板泡沫的人们想得那样没有逻辑。**面对股票市场的非理性泡沫，人们需要做得就是坚守“原则”。**当然，那只有少数的强者可以做到。

中国股票市场在2020年又开启了新的一轮非理性繁荣的泡沫模式，股票市场不讲估值、不问逻辑的股价暴涨与经济基本面形成强烈反差。

第三节　人类为什么会从众

牛市的疯狂推升和熊市的踩踏式抛售都是股票市场集体非理性的极端表现。人类是非常喜欢从众的物种，很容易受到群体的影响，不光会人云亦云而且会跟随群体犯下一个又一个错误。那么是什么原因导致人类一次又一次愚蠢地从众呢？通过向伟大的查理·芒格讨教，我尝试着分析一下其中的原因。

人类在遇到压力时，会不加思考地做出群体恐慌性快速反应，这源于人类和非洲黑斑羚一样都属于极易受惊的群居动物。人类拥有遇到危险会群体性快速逃跑的基因，在资本市场中体现为资产价格大幅下跌时的集体性恐慌抛售，这种大范围的恐慌又恰恰是金融危机的根本原因。

我们的祖先只有通过群体协作才能应对大自然的挑战，那些选择利用集体生活逃避风险的人类祖先最终成为物种选择的胜出者。人类习惯与周围的人保持一致，在陌生的城市行走，人们会不自觉地跟着街道上人流的方向，因为那样做会让心里拥有安全感。人们也喜欢被别人认可、被社会认可，这就导致人们会不自觉地和多数人保持一致。股票市场中的投资者会因为周围人的疯狂而疯狂，最后用自己的一生为疯狂的从众行为去埋单。

莫里斯定律认为："历史就是懒惰、贪婪又充满恐惧的人类在寻求让生活更容易、安全、有效的方式时创造的。"回想过去十年里股票市场金融人士的荒诞言行，我常常思考："那些全世界最聪明的人们怎么能那么愚蠢呢？"一定是被贪婪蒙住了双眼。人类还有一种遗传基因，那就是害怕失去自己已经拥有的东西。那些东西可能是金钱、社会地位、爱情、友谊和忠诚。

人们在股价下跌时承受的痛苦远大过上涨时享受的快乐，就是因为投资者会把泡沫阶段的纸面财富当成了自己理所应当拥有的真实财富，人们无法承受"失去什么"的打击。人们喜欢和自己想法一致的朋友，无法原谅背叛，人们有时甚至把朋友发表不同观点也视为对友谊的背叛。

第四节　禀赋效应：摘掉眼镜看世界

人们在安慰受到伤害的亲朋好友时，常常这样说："你要振作起来，乐观一些，你看这个世界是光明的，世界就是光明的。"那么世界到底是光明的还是黑暗的呢？人们的心灵鸡汤让我想起了查理·芒格笔下失去儿子的母亲。她拒绝承认儿子已经去世的事实，用简单的和避免痛苦的心理否认来慰藉自己，但他的儿子确实已经不在了。所以说，不管我们怎么看待这个世界，这个世界都是现在的本来面目。该是什么样就是什么样。

1980年，理查德·泰勒教授提出一个心理学概念——禀赋效应，是指一个人一旦拥有某件物品，那么他对该物品价值的评价要比没拥有时大大增加。禀赋效应是由人类与生俱来的自视过高基因决定的。应该说，每个人或多或少都有禀赋效应。

被人们禀赋效应高估价值的东西可能是收藏的红酒，持有的股票，挚爱的家人，甚至极端的民粹主义也是禀赋效应的一种形式。股票市场的禀赋效应只是生活中禀赋效应的一部分，人们会不自觉地给自己贴上“银行粉、恒瑞粉、茅台粉和小米粉”的标签，喜欢股票市场中和自己看法一致的人们，不愿意听到任何有关自己股票的坏消息，甚至厌恶带来那些坏消息的人们。对于有些投资者而言，他们会像维护自己犯了错的孩子一样维护自己的观点，那可是事关面子的大事，比赚钱更重要！

我在2015年6月22日写了一篇短博文。建议创业板的大股东们抓紧把股票减持给狂热的基金经理们，同时买进贵州茅台股票。如果那些产业资本看到了我的文字，并且照着去做了，他们在2015年6月22日的1亿元会变成2020年6月的5.94亿元（茅台股价从255元上涨至1460元，期间每股税前现金分红为55.52元）。

但我相信，不可一世的人们在2015年6月早已膨胀，他们不会轻易卖出那些创业板的泡沫。以全通教育的大小非为例，他们的资产从2015年6月22日的1亿元缩水到2020年6月的1377.65万元（全通教育的市值从294.27亿元缩水至36亿元，期间税前现金分红为4.54亿元）。看看，不同的操作差距竟然有43倍之多，这就是因为禀赋效应蒙住了那些创业板大股东的双眼。

前几年，资本市场禀赋效应最严重的就是成千上万的米粉和乐迷。这两家公司的创始人都不像超级富豪，人们看着台上那两个像邻家哥哥的中年男人，会想到自己眼前的境遇并看到了生活的希望。既然长相这么普通的两个男人都可以成功，我为什么不可以成功呢？人们喜欢这两家公司，喜欢用它们科技含量并不太高的产品，更喜欢它们的股票。有些人甚至关掉自己的公司买进乐视网的股票，他们为能和贾跃亭走到一起感到自豪。

在资本市场感性的人们眼中，乐视网的七大生态一定能颠覆什么。人们更相信猪可以飞起来，虽然这个世界上从来没有长着翅膀的猪。人们觉得小米公司完全可以和腾讯、苹果等互联网巨无霸比肩，小米的市值当然能到上千亿美元。

人类这个物种短时间常常会有非理性的冲动，但长期看一定是理性的。整个人类的理性让苹果无法从地上飞到树枝上，乐视股票的投机者用血的代价看到了事实的真相。

投资者要想在残酷的股票市场生存，就必须战胜包括禀赋效应在内的人性障碍。我们应该理性、客观地看待手中的股票，不管是否拥有股票，都应该用开放的心态看待坏消息和批评。捕风捉影的市场传闻并不会影响我们什么，而被我们真正忽视的坏消息恰恰起到了检查清单的作用。那些坏消息和批评对我们是如此重要，给我们的投资加了一层厚厚的安全垫。我们哪能为了固执地维护自己错误的观点去愚蠢地拒绝别人的好意呢？

第五节　我对资产管理行业的看法

十年前我就放弃了为别人管理资金的想法，直到去年在合伙人的劝说下，才开始注册一家私募基金。这不是给自己没事找事吗？目前基金正在申请中，如果顺利的话，可能 3 ~ 4 个月后正式开始运营。如果不顺利的话？也就是不能从监管层获批，并不真正影响什么。因为我并不缺钱，自己未来干得也会非常棒！不是非得为别人管理资金。

我很想找个机会谈谈对资产管理行业的看法。因为没有几个基金的购买者真正懂投资（当然，也没有几个基金经理真正懂投资），人们都是抱着快速致富的心理去购买基金和股票的。但投资的诡异就在于谁也没有完全的把握在很短的时间内跑赢市场。这一行业必须经过 5 ~ 10 年才能看出谁是高手，而谁又是菜鸟。

一、 谁也没有把握短期跑赢市场

我从 2010 年初正式开始个人的投资生涯，至 2019 年底拥有了一份完完整整的十年成绩单。期间有四年浮亏（分别是 2010 年浮亏 5.53%，2011 年浮亏 5.02%，2013 年浮亏 25.96%，2018 年浮亏 12.45%）。看看，我根本保证不了自己每一年都赚钱，也不能保证每一年都跑赢指数。在过去的十年里，我有九年跑赢上证指数（2013 年跑输指数）。

我在 2011—2019 年两年跑输创业板（七年跑赢）。2013 年，创业板飙升 82.8%，我持有的万科 A 和茅台市值浮亏了 25.96%，2013 年跑输了创业板 108.76 个百分点。2015 年我持仓市值上升 42.55%，但还是跑输创业板 41.86 个百分点（当年创业板上升 84.41%）。大家能看出 2013 年和 2015 年我的尴尬处境吧。当时纵有 100 张嘴，我也解释不清楚为什么。当然，干嘛要跟别人解释什么呢？那些钱是我自己的，根本没有半夜接客户电话的恐惧。

我虽然经历了2013年最难熬的一段旅程，但也经历过很多让人瞠目结舌的狂喜时刻，2017年，我的持仓市值上升103.29%（当年上证指数上涨6.56%，创业板下跌10.67%），2019年我的持仓市值更是爆升了183.46%（当年上证指数上涨22.3%，创业板上涨43.79%）。股票市场真是一个让人心惊肉跳的角斗场，没有一颗强大的心脏真是无法从容应对。

我也用自己十年的成绩单，证明了中国股市同样存在理性，2010—2019年，我持仓市值的加权平均年复合收益率为32.42%。这意味着，2010年初的每1元钱投入在2019年底变成了16.58元。而同期上证指数从2009年末的3277.14点下挫到2019年末的3050.12点，即使是2013年羞辱我的创业板，也仅仅从2010年末的1137.66点上涨到了2019年末的1798.12点。股票市场的那种理性真是一股神奇的力量！

股价短期是投票器，长期是称重机。本来企业经营的净利润就是不稳定的，股价叠加上市场的情绪后波动就更大了。即使全世界最伟大的投资者巴菲特也无法做到每一年都跑赢市场。伯克希尔的第一个十年成绩单（1964—1974年）有四年跑输了标普500指数（分别是1967年、1970年、1972年和1974年），但这并不影响伯克希尔的巨大成就。我惊奇地发现，从1964—2019年的54年里，伯克希尔拥有45份十年成绩单，其中只有一份十年成绩单跑输了标普500指数（2002—2012年）。

因为投资者的市值是按股价计算的，谁也没有把握每一年都盈利，也没有把握每一年都能战胜上证指数和创业板指数。但我相信在绝大多数情况下，我五年和十年的成绩单还是会跑赢指数的，很有可能还会大幅度跑赢。我更对自己在股票市场的获利能力充满信心！

二、 客户的压力

股价上升时，谁都能过顺风顺水的日子。但既然我们无法保证股票市值每一年都能有正收益，无法每一年都能跑赢市场，就一定会在某些年面对让我们不舒服的市场走势。这对于成熟投资者管理自己的钱，真的算不了什么。但如果我们管理了很多客户的钱，遇到 2013 年那种难堪的局面，就非常不好办了！

我们可能一整天都在接客户的电话，不得不强作镇静去安抚惊慌失措的投资人，我们也会因为白天的焦虑而彻夜难眠。没有人知道煎熬何时结束，但我们很可能因为客户压力而垮掉。我怎么能进入资产管理行业呢？真是疯掉了！

几乎所有购买基金产品的客户都会每天盯着净值的变动，毕竟所有人都喜欢赚快钱。投资人与资产管理人的信任是需要长时间去培养的。所有人面对资产缩水都会焦虑，而在信任完全建立起来之前，投资人很容易带给资产管理人各种压力。毕竟你管理着别人的钱，当然要为别人的托付尽心尽力，当然要为别人赚钱。但股价在很多时候确实是说不清楚的，我们无法保证短时间拥有令人满意的成绩单，所以就要在接受客户的焦虑和放弃某些焦虑的客户之间做出选择。

大多数证券类私募公司的选择是尽可能对所有客户照单全收，尽可能地把客户的钱全部圈进来。我能理解行业内的人们为什么这么做。有两个原因：

1. 资产管理行业诱惑太大。一家管理规模50亿元的私募公司，每年1%的管理费就能收取税前5000万元（即使客户亏损也会收取这笔钱）。如果管理的资产年收益率为15%，私募公司还要拿走1.5亿元的税前提成（50亿×15%×20%）。看看，管理一家上了规模的私募基金能赚多少钱！与制造业不同的是，50亿元规模比5亿元规模并不需要雇用更多的员工，也不需要租太大的办公室。

2. 多数私募基金在盈亏线下苦苦挣扎。绝大多数私募管理的资金规模只有几千万元。想一想管理规模为5000万元的私募基金股东们每天面对房租和托管费的压力吧！当一个拿着2000万元的大客户走进他们的办公室时，你能想象到他们咽下口水的样子。一定会想尽一切办法忽悠住那个人。

50亿元规模的诱惑和5000万元规模的挣扎，让私募管理行业彻底变了形。私募基金公司想的不是如何对得起别人的信托托付，而是把客户口袋的钱掏出来。所以说一些违心的话，承诺一些根本做不到的事就在所难免了。而绝大多数基金经理并没有赚钱能力，他们根本就不懂投资，他们连自己的钱都管不好，也就更没有能力为客户赚钱了。急功近利的基金经理和容易焦虑的客户凑在一起后，在市场低迷时，那种互不信任的扭曲就很难避免了。难怪查理·芒格说赞同约翰·梅纳德·凯恩斯的说法：投资管理是一个下等的行业。

三、 我的观点

如果不去从事资产管理行业，我依然会生活得很好。这让我和合伙人们拥有非常健康的心态。我们不是非得从事这一个在查理·芒格眼中并不高尚的职业，我们更没有必要非得为某些人管理钱财。我们公司的几方股东去年签署了一项合作协议，其中有一项条款是这样写的："所有股东都不能向公司管理层提出违法违规的任何要求。"我今年已经50岁了，可不愿意在这个年纪因为不必要的贪婪去犯错误。我对赚取不属于自己的钱没有一点点兴趣。

我和合伙人会告诉所有的投资人："我们没有把握让每一年的成绩单都能令人满意。但我们对在五年或者十年的长时间里跑赢市场充满信心！我们对自己的赚钱能力充满信心！"我们会有意识地放弃一些容易焦虑的投资者。这和我们的性格有关系，我们要和喜欢的人在一起。

我们不希望任何人带给自己不必要的压力，更不希望被投资人的电话打乱投资节奏。我们不追逐基金管理规模，我们想享受一点一点把事情做起来的过程，绝不会做任何急功近利的事情，对通过频繁路演和忽悠获得资金没有兴趣。我们的宗旨是：服务好老客户，不着急获得新客户。

我相信"酒香不怕巷子深"的道理，只要我们像对待自己的钱一样对待客户的钱，只要我们真的能够在五年或者十年为客户赚很多钱，喜欢我们的人一定会越来越多！投资人交给我们的不仅仅是金钱，而是一份份沉甸甸的信任。我们没有任何理由对不起那份信任。

我很有自知之明，不会狂妄自大地认为自己无所不知，不会买进自己不熟悉领域的股票。我在自己擅长的行业，只有当股价低于内在价值时才会下注。就长期而言，用合理的价格买进优质公司的股权长期持有确实是非常好的获利手段。

那我为什么非得要当基金经理呢？说得好听点就是：既然大多数人不懂投资，大多数人不具备赚钱能力，那就让我们来干吧！说得不好听点，我也确实是被合伙人忽悠了。

对于股价，我的观点是：**最好在合理的内在价值区间波动。**当然在市场情绪面前，这很难做到。我非常反感上市公司管理层和基金经理炒高股价的冲动，因为那样对股票的买家非常不公平。股价本应该值多少就值多少。我进入资产管理行业，也是希望在赚钱的同时给这个行业带来一些新鲜的空气，所有的人能够被公平对待。我很愿意和信任我们的投资人一起投资中国经济，做多中国。

资本的力量对一个国家的繁荣很重要。尤其是在疫情的困难面前，投资人承担巨大风险买入股票，为国家缴纳税收，为社会解决就业。正是因为千千万万股东的存在，医疗、教育、国防等诸多体系才能得到有效运行，投资人理应获得合理的回报。我不希望更多的投资人在未来十年继续颗粒无收，愿意利用自己的专业能力为他们做点什么。

我认为资产管理公司应该真诚和公平地对待客户，但我不认为私募基金公司为投资人赚了钱还不应该收取一些费用，那不是费用而是一种合伙奖金。想一想真正的老板是谁呢？是投资人而不是基金管理人。大家不过是合伙赚钱而已，承担最大风险的是投资人，获取最大收益的也是投资人啊！难道您自己开了公司，不用给为自己赚了好多钱的操盘手支付工资和奖金吗？

我的原则是：**未来只为认可我们和我们喜欢的投资人管理资金，不追逐规模，不会诱惑任何人成为我们的客户，不刻意做任**

何事情，按照自己熟悉的节奏去管理基金。我将来工作的重点放在看年报而不是基金营销上。私募公司当然会收取一些费用，但我和合伙人坚持那些费用一定是合理的，而且对投资人是公平的。

我们会像对待自己的钱一样对待投资人的信任，我们把投资人看成一条船上的合伙人而非客户。我相信，这个世界是公平的。只要诚心诚意地对待信任自己的人们，所有人的结果一定会非常好！

2020 年 6 月 2 日，北京中海富林投资管理有限公司已正式在基金业协会登记为基金管理人。

第六节　承认错误是一种美德

一、 承认错误如此之难

没有人不会犯错误，没有人没犯过错误。整个人类历史本来就是在不断修正错误的过程中前进的。投资者在股票市场犯错误是再正常不过的一件事情了。但很少有人愿意承认自己犯错误，这反而显得不正常。

股票市场有太多不可一世的自大狂，他们告诉大众，自己抓住了很多牛股，抓住了每一次大机会，他们总是能做“对”的事情。有些人出于忽悠的目的故意去这样说，有些人则是因为确实不知道自己不知道，他们内心真的认为自己总是对的。那些因为某些原因故意掩饰错误的人固然很无耻，但他们诱惑大众的时候，自己还算是清醒的。而那些真的不知道自己有错的人显然是无知，他们会像坐在一堆堆圆石头上的老母鸡，不断地激励着自己："加油，你一定行的！"

人类血液里本身就有自视过高的基因，人们习惯于高看自己、低估别人。有些自认为怀才不遇的人，因为童年不堪的经历，会把骨子里的自卑深深地藏起来，用不可一世的自大掩饰内心的惶恐不安。他们害怕被别人发现自己做错了，更害怕被别人发现自己害怕。对他们而言，"被别人指出买错股票"简直就是奇耻大辱。患上波斯信使综合征的人们憎恨带来坏消息的信使，恒瑞粉厌恶别人说恒瑞医药估值太高，银行粉仇视说银行贷款有风险的人。那些就事论事的人可能并无恶意，他们不过是说了真话而已。但在固执的人们眼中，他们是不可饶恕的。

二、 用错误掩盖错误

承认错误可能让很多人失去曾经拥有过的金钱、社会地位或者别人的尊重。因为大众总是很愚蠢的，股票市场把没犯过错误且赚到大钱的人们看成成功者。那些指出自己经常犯错误的傻瓜怎么能配得上市场的掌声呢？而失去掌声会触发被剥夺性超级反应，那些股票市场的名人们早已经习惯了被别人尊重和吹捧，他们会这样认为："为了留住自己的脸面，最好的办法就是掩盖错误。"

1990—1991 年，华尔街证券之王所罗门兄弟公司的债券发行部负责人保罗·莫泽多次违反美国财政部竞拍规则，暗箱操作。所罗门兄弟公司 CEO 约翰·古特弗雷因德最早在 1991 年 4 月 29 日就得到了莫泽的犯罪汇报，他本可以马上向美联储和美国财政部如实坦白所罗门兄弟公司的错误，并严肃处理莫泽，以换取监管部门的谅解。但约翰·古特弗雷因德并没有选择那样做，他太害怕自己和所罗门兄弟公司失去金钱和往日的荣耀了，于是他错误地选择去掩盖莫泽的错误。最后的结果是，所罗门兄弟公司遭到美国监管部门的重罚，约翰·古特弗雷因德也因此丢掉了工作。

掩盖错误是非常不好的行为。很多小孩子在幼年时因为害怕被父母打骂，会被迫用说谎的方式掩盖自己的错误。我就曾经在小时候成功地用说谎逃脱过1~2次父母的惩罚。但代价是巨大的，我用一生记住了自己幼年时说过的谎言，也为自己曾经不敢承认错误后悔了几十年。

三、 检查清单

因为血液中的自视过高基因和触发被剥夺性超级反应，大多数人会拒绝承认在投资中的错误，并且仇视指出他们犯错的人。成熟投资者与不成熟投资者的区别就在于对待错误的不同态度。伯克希尔·哈撒韦的两位智者特别喜欢谈论自己犯过的错误，他们还喜欢给伯克希尔带来坏消息的人："快跟我说说，还有什么坏消息吧！"坏消息本身和信使是两个不同的概念，带来坏消息的信使是投资者们的朋友，对股票投资起着非常重要的检查清单作用。

如果别人带来的消息只是不太重要的传闻，投资者大可一笑而过。但如果别人带来的是致命坏消息，而致命坏消息竟然在之前被我忽视了，那可真是帮了我大忙了。只有愚蠢至极的人才会憎恨帮助自己的信使。

股价不会因为别人说了什么就涨起来，也不会因为别人讲了什么就掉下来。如果我们持有的股票如此脆弱，那么问题就不是出在别人说了什么，而是股票本身了。投资过程之中，谁都会犯错误，那是再正常不过的事情了。我在过去十年投资生涯中犯过无数个错误，但依然获得了非常高的收益率。

我从没觉得向大家坦白我犯过的错误有什么丢人，那是我自己的事情，跟别人无关。更何况我只是一个在商言商的商人，面子在我这里并不重要。我清醒地知道，承认错误可以保护我的财富，承认错误更是一种美德。

四、 我犯过的错误

错误一：万科买贵了

2009 年末至 2010 年初，我在投资生涯打下了第一个孔：万科 A，万科几乎占了仓位的 80%。我的买入成本为 8.74 元，对应 960.98 亿元市值。2009 年，万科卖掉了 634.2 亿元的房子，大概赚了 62 亿元。我买入万科的真实市盈率在 15 ~ 16 倍之间，这是一个非常危险的价格，但当时我浑然不知。要知道 2018 年末万科收盘市值为 2629.54 亿元，对应真实盈利 450 亿元左右的市盈率不足 6 倍，2014 年最低时市盈率不足 4 倍。太可怕了！

如果万科不是一家优秀的公司，如果万科业务没有成长，带给我的必将是致命的结果，我真不知道该如何面对。我在一个不应该买进的位置买进了万科的股票，为此付出了煎熬 58 个月的代价。2009 年万科 A 的股价在 6.48 ~ 14.84 元波动，当股价跌破 10 元钱时，我就控制不住自己的情绪了，从 9.74 元一直买到了7.2元，平均成本为8.74元。我当时确实太着急了，因为七年手机生意的低回报让我太急于抓住某一次机会翻身了。

错误二：买入苏宁电器

在2011年，我买进了苏宁电器的股票。苏宁电器曾拥有中国商业连锁企业最漂亮的利润表，2004—2011年净利润复合增长率高达59.82%。张近东团队也是中国最值得尊重的管理团队。我信任苏宁电器，于是自然就买进了它的股票。我在2011年同时持有万科A和苏宁电器，其中苏宁电器占20%仓位。2011年，我并没有意识到阿里巴巴和京东领导的电子商务革命会那么迅猛地颠覆传统零售。2012年，苏宁电器的报表开始恶化，当年净利润同比下降37.48%。

更为可怕的是，我很难在苏宁电器身上看到互联网企业应有的创新基因，我开始担心既没有利润又没有客户黏性的苏宁了。当发现我老婆并不在苏宁易购买东西时，我知道是时候该纠错了。于是就有了那个经典的故事。

我在2013年几乎以成本价8元的价格卖出了苏宁的股票，同时买进了150元的贵州茅台股票。我记得，苏宁的股价在我卖出后从8元涨到了14元，而贵州茅台同期股价从150元跌到了130元。但我当时就知道，自己的行动是对的。我知道承认错误是一种优秀品质，但我还是因为投资苏宁电器，足足浪费了两年的时间。

错误三：买入张裕B

2011年前，张裕和云南白药、苏宁电器一样，都拥有教科书般的增长曲线，我早就被它们深深吸引了。2012年，张裕净利润从19.07亿元下降到17.01亿元，股价也因此暴跌。那会不会是一次暂时的业务调整呢，会不会是一次投资机会呢？我当时认为可能是机会，于是买进了 B 股。

我的 B 股账户刚刚在招商 B 上赚了钱，换到张裕 B 让我感到心情非常好。我喜欢消费公司的股票。事实证明那是一次错误。虽然 B 股的账户金额不到总资金的 1%，但我觉得要尊重每一分钱。葡萄酒制造商并没有中国文化的基因，在进口产品的冲击下，消费者会有太多的选择。这些选择会冲垮张裕的护城河。

张裕 B 让我明白了：当一家公司的股价出现黑天鹅时，一定要好好思考，这到底将是一次失败投资，还是像 2008 年伊利牛奶那样千载难逢的机会呢？我再一次纠正了错误。2015 年中，我以 25 港元卖出了张裕 B，同时以 30 港元的价格买入古井 B。我要是早些买进古井 B 就更好了！

错误四：买入东阿阿胶

我在 2016 年末以 63 元左右买进了东阿阿胶的股票，占到当时总仓位的 10%。后来卖掉东阿阿胶的逻辑在喜马拉雅的节目中做过说明。我在 61 元清仓了东阿阿胶的股票，同时买进了 70 元的五粮液。那是我重新建仓五粮液的第一批，后面又在 48 ~ 60 元大规模建仓。五粮液是我比较满意的一次重仓出击。对东阿阿胶和苏宁电器、张裕 B 的卖出，能看出我并不是死脑筋。一旦发现自己犯了错误，会及时纠错。**我认为，投资最重要的是资金安全。**

错误五：错过腾讯

2011 年 1 月 21 日，腾讯公司推出了微信。我记得单总那时兴奋地和我用微信语音聊天。我们都被这个小东西吸引了，但一个优秀投资人捕捉机会的灵感并没有在我身上出现。应该说，我当时比很多聪明人愚钝多了。2011—2018 年，腾讯的市值从 2871.94 亿港元上涨至 29513.24 亿港元（2020 年 7 月初，腾讯市值已经突破 5 万亿港元）。那是少有的一次十倍收益的机会啊！我可不希望自己在下一次好球飞过来的时候忘记了挥杆。2011 年的腾讯，注定是我错过的记忆，那笔财富不属于我，但它给了我创造更多财富的力量。我错过了，也成长了！

错误六：卖出五粮液

2019 年年中卖出五粮液的股票可是一个大错误，那让我在其后的 1～2 年少赚了太多钱。我在 2018 年四季度在 48～64 元区间重仓买进五粮液，五粮液几乎占了我当时 2/3 的仓位，余下的 1/3 仓位是贵州茅台。我当然也因此在 2019 年赚到大钱，当年持仓收益率竟然高达 183.46%。当五粮液在 2019 年年中突破 100 元时，我选择了清仓。我并没有因为五粮液的股价在第二年 7 月突破 200 元而懊恼，因为股价本身就是难以预测的。

我知道 2019 年五粮液的内在价值应该在 90～100 元，我更知道股价会从钟摆低估的一端摆动到高估的另一端，但我却选择在表针的中央位置落袋为安。我知道五粮液的股价会越来越高，但我还是那么着急卖掉了股票。这是因为我在五粮液几个月获得的总利润几乎相当于做 50 年手机生意的总回报。我之前没赚过那么多钱，我太害怕丢掉金钱了。

第七节　内部记分牌

一、投机者眼中只有股价

股价是什么？它是金融资产的公允价值，是财富的象征，是成功的标志，是股票投机者追逐的唯一目标。人们为股价焦虑，为股价痴狂。金融人士不惜为了股价铤而走险，普通人的喜怒哀乐也跟随着股价涨跌波动。

一家公司的股票究竟应该值多少钱，跟别人愿意出多少钱去买下股票完全是两回事。股价只不过是本杰明·格雷厄姆笔下“市场先生”的出价而已，股价短期常常与内在价值没有关系。投资者无法预知某个买家情绪的变化，更不可能准确预判上千万人博弈出来的股票集合竞价。我们会看到如下的市场观点：

1. 看好某某公司，看高股价至100元。

2. 看好中国未来5～10年的牛市。

在逐利、短视、贪婪的基因驱使下，投机者就是这么不知道天高地厚，他们会判断市场先生的出价，更会妄想上亿股民可以将亢奋的非理性状态保持5～10年。投机者总是期盼快速暴富的不劳而获，他们满眼都是股价。

二、 伯克希尔对股价的态度

投机者看的是股价，投资者看的是内在价值，这是两个完全不同的思考方向。投资者知道：短期股价是无法预测的。是的，我们怎么能预测别人的情绪呢？金融行业用市场先生的情绪（短期股价）作为投资水准的评判标准更是无稽之谈。

投资者在股票市场虽然也是通过股价上涨获利，那是因为时间越长，股价与内在价值的相关度越高。投资者喜欢自己把握自己的命运，怎么可能将自己的命运交给情绪不稳定的市场先生呢？

1956 年 5 月 1 日，巴菲特合伙公司成立。沃伦·巴菲特从 1957 年开始撰写巴菲特致合伙人信（后改为巴菲特致股东信）。他每一年都会在巴菲特致股东信的第一页列出一张表格，那就是伯克希尔·哈撒韦公司逐年账面资产增长率的数据。

沃伦·巴菲特和查理·芒格会反复提醒股东："对伯克希尔·哈撒韦来说，真正重要的并不是股价，也不是表格中列出的账面资产，而是伯克希尔的内在价值。"伯克希尔·哈撒韦是一家业务复杂的大型企业，谁也无法用最准确的数字来表述出它的内在价值，就连沃伦·巴菲特和查理·芒格都不可能计算得完全一样。但可以肯定的是，伯克希尔的内在价值远远高过其账面资产。

就长时间而言，伯克希尔·哈撒韦公司内在价值的复合增长率和表格中列出的账面资产复合增长率几乎同步。这就是沃伦·巴菲特选择用账面资产增长率向股东们汇报工作业绩的原因。很奇怪的是，直到 2014 年的巴菲特致股东信，沃伦·巴菲特才在表格中加上了伯克希尔·哈撒韦的股价变化。沃伦·巴菲特一直认为，股价是别人的出价，是市场的噪音。奥马哈先知在股票市场赚了那么多的钱，竟然如此不重视股价？

对于伯克希尔·哈撒韦的股东而言，股价似乎也是很重要的，毕竟大家的财富要通过伯克希尔的股价来体现。但沃伦·巴菲特认为，股价是外部记分牌，内在价值才是内部记分牌。伯克希尔的文化对股价是这样表述的：

"我们希望伯克希尔的股票价格和我们认为的内在价值相差不要太远，如果股价升得太高，我们就呼吁它降下来。并非所有的美国企业都会那么做，但这是我们的做事风格。我们实话实说，该值多少钱就说多少。”

第八节　贪婪的诱惑

人类因为生存而逐利，因为想生存得更好而贪婪。贪婪驱使着人类永无止境地追逐财富，追逐野心和梦想。

人类总是对这个世界上美好的东西充满了欲望。金融市场更是直接把“贪婪”两个字写在脸上。人们离不开跳动的股价，因为上涨的股价可以换来巨大财富和他们所有想要的东西：豪车、别墅、异性的倾慕、镁光灯和掌声……人们并不在意赚钱的方式，而更在意赚钱本身。因为金融市场的贪婪，触发了一次次金融灾难和人间悲剧。

1940 年 11 月 28 日，华尔街历史上最伟大的投机者杰西·利弗莫尔用柯尔特手枪结束了自己的生命，他留给妻子的最后一句话是：“我的人生是一场失败。”纽约银行家贝特曼在 1987 年股票市场崩溃后，因为无法偿还融资买进股票的借款，在走投无路的情况下，从纽约一栋 32 层的高楼纵身跳下。

投资者对财务报表的解读和商业模式的剖析只是股票市场生存的基本功，而人性的博弈最终决定着投资结果。我们在股票市场待得越久，就越明白：**“投资者在股票市场上赚到的每一分钱都是应该赚的，而投机者赔掉的每一分钱也是应该赔的。”**几乎所有的投资失败无一不源于内心的贪婪。投资是一场修行，只有心无杂念才能取得成功。

沃伦·巴菲特的伟大并不在于他在股票市场赚取了近 1000 亿美元，而是他用自己干干净净的赚钱方式告诉所有人：“资本市场不是尔虞我诈和巧取豪夺，而是公平和冷血的博弈。”

第九节　人生是一个人的旅行

人类逐利、贪婪，而且虚伪。所有人都明白：“父母对子女的爱不需要教育，因为那是人类的动物本性。而子女对父母的爱不是动物本性，所以需要整个社会的孝道教育。”但没有人会捅破那层窗户纸，人们特别害怕别人对自己不孝顺的批评。很多人都喜欢说，自己对别人的爱、对社会的爱超过了对自己的爱。人们就是这么言不由衷。

人们非常在意别人对自己的评价，会因为别人的艳羡和仰慕感到满足，也会因为别人唾弃的目光而感到不知所措。别人的评价和“自己的脸面”是如此重要，人们似乎从来不知道什么是“内部记分牌”。

这个世界上每一座山川，每一片星云，每一个凡人都与众不同。人生是一个人的旅行，再平凡也是“限量版”。不管经历了怎样的风吹雨打，不管走了多少里山路，每个人都是在书写自己的故事。我们可能不一定需要赚太多的钱，但确实需要把故事情节写得更精彩一些。即使写不出令自己满意的章节，也至少应该不让故事的内容太糟糕。我们赤裸裸地来到这个世界，最后也会赤裸裸地离开。我们带不走任何的财富，更带不走别人看我们的目光。

杨绛先生说：“我们曾如此渴望命运的波澜，到最后才发现，人生最曼妙的风景，竟是内心的淡定与从容。我们曾如此期盼外界的认可，到最后才知道，世界是自己的，与他人毫无关系。”

第十节　人性博弈

Y 总在 2017 年蓝筹股的上涨中赚了很多钱，但他几乎每时每刻都害怕失去赚到手的那些钱。Y 总隔几天就会打来电话："马总，中美贸易摩擦不会有什么事吧？""朝鲜半岛那边看来又紧张了，咱们的股票要不要先卖掉呢？""今天股市跌这么狠，到底是为什么啊？"Y 总对一切可能想到的影响股价的事情都非常敏感，已经到了寝食难安的程度。"再这样下去，我的身体会垮掉的。"Y 总忧心忡忡。我耐心地告诉 Y 总："股票短期是投票器，长期是称重机。"Y 总不好意思地说："每次一听到你的声音我就踏实了，但只要第二天 9：30 一开盘，我马上又慌了。"

写这篇文章前，我征求了 Y 总的意见。Y 总很大气地告诉我："没问题，你写吧，不就是个反面教材吗？"其实，何止 Y 总有心魔，我们每个人又何尝不是如此呢？就连自认为自律和耐心的我，也常有心烦意乱的时候。这是由人类身上的动物性基因造成的。Y 总有，我有，每个人都有。股票市场是人性博弈的角斗场，我们每个人都是有血有肉的普通人，身上都有人性的弱点。

一、人类的动物本性

（一）我们的祖先

从 25 万年前的智人进化到现代的人类无疑是这个地球上迄

今为止最聪明的物种。人类在刚刚出现的时候，就显得和这个地球上的其他哺乳动物不一样。

我想，也只有人类这个聪明的物种能够进一步创建出“股票市场”这个稀奇物来。这个市场极大地推进了人类经济的繁荣程度，但也给人类带来了太多的烦恼。

早期的人类以狩猎采集为谋生手段，我们祖先的生存环境相对于现在完全是难以想象的恶劣。为了适应缺衣少穿甚至野兽攻击，人类进化出多种适应生存的基因。

(二) 对奖励和惩罚敏感反应的基因

人类天然对奖励和惩罚非常敏感，我们的祖先早早就学会了受利益驱使并远离危险。那是因为在能量摄入量非常低的情况下，人类必须极力避免效率低的获取食物方式，选择最有利于自己的摄食方式，那可是生死攸关的事情。人类还学会了在受到惩罚后强烈记忆的本能。人类就像马克·吐温的那只猫一样：那只猫被热火炉烫过之后，再也不愿意坐在火炉上了，不管火炉是热的还是凉的。那些对奖励和惩罚反应迅速的人类祖先最终生存了下来，并将“逐利”基因一代代传递给了我们。现在驱使人们行动的主要动力是金钱。对奖励和惩罚敏感反应的基因驱动人类的逐利性，让我们见惯了现代社会中的世态炎凉，见惯了太多人不择手段地去赚钱。

(三) 短视的基因

人类祖先生活在极其严峻的自然环境下，不光是要应对食物短缺、天寒地冻，还要时刻提防野兽甚至同类的攻击。明天吃什么？明天去哪里？是当下的生存课题，这让人类不得不把考虑问题的时间尺度放短些。

我们的祖先很现实地关注眼前的利益或者眼前的威胁。短视的基因是一种自然形成的进化选择。现代人类很容易受到短期利益的驱使而放弃长期的利益，这一定是我们身体里短视的基因在作怪。谁都知道资产价格泡沫会让实体制造业受到伤害，但谁又真愿意放弃眼前的既得利益呢？股票市场的太多人都知道长期持有优质公司必然赚钱，但谁又真的放得下明天的股票市场报价呢？

（四）贪婪的基因

贪婪的基因反映在股票市场中就是在牛市中人们毫无节制的痴狂。就像2015年股灾前的情景，看着不断创出新高的账户，整个市场如醉如痴，人们想当然地认为那些纸面财富理所应当地属于自己，很少有人意识到沙滩上盖起的高楼有多么危险。

（五）快速撤离的基因

查理·芒格认为：“人类的大脑天生就有一种尽快做出决定以此消除怀疑的倾向。”这是因为漫长的进化岁月促使动物倾向于尽快清除怀疑。人类习惯于遇到危险时群体性快速逃离，在资本市场中，体现为资产价格大幅下跌时的集体性恐慌抛售，这种大范围的恐慌又恰恰是造成金融危机的根本原因。

（六）避免不一致的基因

人类的基因里有避免不一致的心理倾向，人们习惯于尽量和周围人保持一致，和自己习惯了的行为和思想保持一致。本人经营手机代理公司七年，在第五个年头时我就已经非常清楚地意识到那是一个有问题的生意，必须要尽快地结束它。但我还是用了两年多的时间试图挽救这个毫无希望的生意，这源于我心里接受不了已经习惯了的手机生意模式。

（七）好奇心的基因

人类祖先遗传下来的好奇心的基因让人类成为这个地球的主人，更极大地推动了现代科技的进步。因为好奇心，爱迪生发明了白炽灯泡，瓦特改良了蒸汽机。但好奇心的基因也带来了很多副作用，比如资本市场的人们非常喜欢追逐新事物，人们往往因为自己为新事物付出了过高的价格而亏得一塌糊涂。

（八）妒忌的基因

人类天生就是喜欢妒忌的动物。巴菲特曾经智慧地指出："驱动这个世界进步的不是贪婪而是妒忌。"但人类的基因里永远都去除不掉妒忌的基因，这可能是人类祖先在进化过程中经常挨饿所致，人们在看到食物时，就会产生占有那些食物的强烈冲动。如果被看到的食物实际上已经被另外一个人占有，那么这两个人之间往往会出现冲突的局面，这可能就是深深扎根在人类本性中的妒忌倾向的进化起源。

在股票市场，人们也会因为自己的朋友投机股票赚了大钱，马上出于妒忌心理，草率买入高估甚至有问题的股票，最后亏得一塌糊涂。

（九）简单联想的基因

人类常常为简单联想的基因付出沉重代价。那些进入赌场赌钱的人们并非没有赢过大钱，但赌博却让几乎所有的人倾家荡产。人们错就错在认为自己的暂时的赌运可以一直延续下去。那些炒股投机的人们，无论是否赢过一次或两次大钱，最后的命运也是注定的。他们只能留下两鬓白发和令人心酸的眼泪，而把金钱和岁月交给这个市场，所有的一切都是因为没有一个赌徒会赢了钱后马上离开赌场。人类简单联想的基因让人们错误地认为，好运会永远存在。我很同意邱国鹭先生讲过的一句话："对一个人最致命的事情就是用错误的方法赚了大钱。"

（十）自视过高的基因

人们一旦拥有某件物品之后，对该物品的价值评估就会比他们尚未拥有该物品时高。这就好比资本市场那些买入股票的人们常常对持有公司的具体问题选择视而不见，他们看到的都是这家公司的优点。

自视过高的基因让人类付出了惨痛的代价。因为聪明和勤奋的人可能因为过度自信而错误地认为自己拥有超人的才华和方法，他们因此常常为自己选择一些更困难和更具挑战性的目标，这必然增大了失败的可能性。沃伦·巴菲特和查理·芒格很好地克服了这种基因，他们从不试图去跨越 7 英尺的栏杆，而是选择 1 英尺的必赢机会。

（十一）过度乐观的基因

人类天生就是乐观的动物，乐观的生活态度是人类祖先留给我们的最宝贵财富。但过度乐观的基因也产生了不少副作用，人们会兴高采烈地购买彩票，坚信支付宝和微信支付可以取代银行，想当然地认为淘宝、京东将会淘汰所有高效的超市。人们更会天真地喊出比亚迪 1 万亿元的市值，小米手机可以颠覆 iPhone。

（十二）被剥夺超级反应基因

导致 Y 总患得患失的就是这种被剥夺超级反应基因。股票市场的人们常常习惯在收盘后计算一下自己的市值，哪怕当天的金额仅仅比昨天少了一些，人们也会非常沮丧。包括我本人在内的太多投资者还会有损失厌恶心理，仅仅是因为担心优质公司股价可能继续下跌就放弃一次又一次的买进机会。对很多人而言，待在股票市场确实是一种煎熬。那是因为人身体中会因为股价下跌分泌一种让自己极其痛苦的酶，这种痛苦感是股价上涨带来的快乐感的两倍以上。

（十三）社会认同的基因

社会认同的基因是导致人类从众行为的最重要原因。大多数现代人类生活在几百万至上千万人口的大型城市中，人类天生就有获得社会认同的心理需要。我们常常发现自己家里的小孩子会因为同班的小伙伴们热爱篮球而迷上打篮球，资本市场也经常发生这样的事情。某家上市公司花了高价格收购了并不太盈利的手游公司，仅仅是因为别的上市公司之前做了同样的事情。二级市场的人们也会因为周围人的疯狂在牛市中冲进股市，最后用一生为自己的从众行为埋单。

（十四）对比错误反应的基因

中国股票市场的高估值是大多数股民长期赔钱的最根本原因。所有人在大方向上都明白高估值不可能永远存在下去，但几乎所有人都不希望中国股市通过快速下跌一次性回归理性。虽然那样做的好处非常之大，手握大把廉价筹码的大股东来不及抛售太多的股票，二级市场股民损失的时间也会更短。与生俱来的对比错误反应的基因让人们错误地认为用时间换空间的常年阴跌是最好的解决方式。

（十五）服从权威的基因

股票市场上，人们非常在意那些权威人士的说法，而没有自己的独立判断。而太多的权威人士因为无耻或无知故意将大众引入歧途。我们经常发现在一次次的大型股票论坛上，某些权威人士向如痴如醉的人们反复推销着新兴产业的美好远景。

二、战胜人性

（一）沃伦·巴菲特口袋里的药方

我在2010年进入股市之前，当过四年国企领导，经营过七年公司。从一开始我就明白“投资就是生意”的简单道理。更明白“价格是我付出的，价值是我得到的”。我不会愚蠢地买进又贵又烂的股票，这让我远比浸泡在这个市场多年的老股民和基金经理们具备了更大的优势。但是股票市场的煎熬却远远超出了我的极限想象，长达58个月的不赚钱几乎让我崩溃。

我虽然克服了贪婪和恐慌，尽量做到不从众、不迷信权威、不过度乐观。但依然对市场的长时间不理性痛苦不已！这其中尤以2013年万科和茅台股价长达13个月的下跌最让人难忘。看着电脑屏幕上不断创出新高的乐视网、全通教育、安硕信息……我真的有些看不明白这个世界了。看着那些投机者赚得盆满钵满，对我而言绝对是痛苦的折磨。

我如何找到摆脱这种煎熬的药方呢？每每在几乎都要坚持不住的时候，我就会翻开《滚雪球》和《巴菲特传：一个美国资本家的成长》。渴望在每一行字中找到沃伦·巴菲特怎么度过1969—1974年的尼克松熊市的，渴望找到在1999年互联网泡沫顶峰时期全世界都在嘲笑巴菲特时，他说了什么，他又做了什么。我坚信，奥马哈先知在市场非理性波动时一定也会像我一样痛苦，只不过巴菲特口袋里有我没有的避免煎熬的药方而已。

2000年12月，道琼斯指数上涨25%，纳斯达克指数则突破4000点，不可思议地上涨了86%，而伯克希尔·哈撒韦的股价却从1998年6月的80900美元下跌至56100美元。金融行业嘲笑沃伦·巴菲特是明日黄花。巴菲特也因此成为《巴伦周刊》的封面人物，标题是“沃伦，你怎么了？”的封面文章写道，巴菲特狠狠地摔了一个跟头。沃伦·巴菲特怎么应对这样的难堪呢？这是我太渴望知道的事情！

在2000年伯克希尔·哈撒韦股东大会上，当听到一位15岁的投资者发泄对伯克希尔股价下挫的不满时，沃伦·巴菲特忍不住大笑起来。那个小家伙是这样挖苦奥马哈先知的：“我希望用伯克希尔的股票支付我上大学的费用，但我现在只能改修函授课程了。”

奥马哈先知面对市场的嘲弄时竟是如此平静，我找到巴菲特口袋里的药方了！**他根本就没有药方，因为巴菲特从没有感到一丝丝的不舒服。在我看来很煎熬的事情，巴菲特根本没太当回事。**市场就像那只会翻十万八千里成了精的猴子，但它根本翻不出巴菲特的手掌心。我慢慢懂了，也开始释然了。

（二）伟大的博弈

股票市场对人最大的考验不是对企业的定量和定性分析，而是对人性的挑战。人类祖先遗传下来的动物基因决定了人们在股票市场很难有耐心，面对股价的波动又常常表现出贪婪和恐惧。人性中的从众特点又加重了整个市场的疯狂和恐慌。

牛市中的人们总是把一切想得那么阳光灿烂，但曾经乐观向上的人们在熊市中会马上变得如此脆弱，脆弱到不堪一击。资本市场是人性大博弈的一个角斗场，只有极少数人才能够在残酷的股价波动中保持平静，只有极少数人才能够在这场伟大的人性博弈中生存下来！

我本人也像扬帆远航的水手一样，挺过了那段不短时间的艰难航程。我知道，前面还会不时有狂风巨浪，前面也会有长时间的孤独寂寞。但我已经学会了嘴角挂上勇敢的一丝微笑。我喜欢这样的航程！我用自己的坚毅写下了属于我自己的故事，那是我离开这个世界的时候向我的子孙讲述的骄傲。

附　　录

附录一：2014 年年度投资报告

序　　言

2009—2014 年对于我来说，酸苦辣咸，什么不舒服的滋味都有，唯独少了甜味。从公司老板到股民的角色变化以及投资业绩的不理想，让我不得不面对所有人的质疑。这五年，我失去了很多东西：财富、时间和荣誉。这五年，我同样得到了很多东西：信念、决心和坚持。

2013 年，我经历了 40 多年人生中最灰暗的一段时光。2013 年，我的情绪充满了沮丧和失望，但我还是熬过了难忘的“2013”，我相信那将是我一生中最宝贵的财富。仅从财务回报看，我投资生涯的第一个五年的结果并不理想。

五年前，我曾按一名优秀投资人的标准，为自己定下年复利收益率不低于 15% 的目标。但我的业绩仅仅为 8.51%（未计算分红收益），如果计入分红，业绩也仅仅在 11% 左右。五年复利增长 15% 意味着本金五年翻一倍，而我的本金仅仅增值了 50.44%（未计算分红收益）。这个结果让我自 2013 年开始压力骤增，来自社会的压力，来自家庭的压力，更有来自自己的压力。2013 年末，我依然处于亏损状态，所有的一切都让我名誉扫地。

我曾向朋友抱怨道：“我给你讲个农夫的故事吧。一个农夫，他相信自己有能力让那片土地里长出庄稼来，于是他起早贪黑，辛勤劳作，不管风吹雨打日晒，他所做的一切都是为了自己能够左右自己的命运。第三个年头，地里终于长出了一棵棵幼苗，虽然远没有像农夫希望那样翠绿和粗壮，但他还是非常满足。但灾难在第四年发生了，一阵阵冰雹打没了所有的一切。看着那片劳作了四年的土地，农夫的心里就只剩下一样东西：苦涩的坚持。我就是那个农夫。”

总 结 问 题

投资业绩不及预期，需要总结原因。资本市场确实存在一些结构性不合理的问题。但我并不想强调别人的因素，还是找找自己的不足吧。我想我的投资存在五大问题。

1. 对困难估计不足

2011 年关掉手机公司，把全部的希望放在股票投资项目上时，我曾经数次在深夜问自己：“万一最坏的情况发生了怎么办？赚不了 15% 怎么办？”我知道一个心怀理想的人虽然付出努力但结果不及预期的可怕，但那真实地发生了。

2009 年末，我对困难估计明显不足。我没想到沪深 300 标的会经历长达五年的大熊市；我没想到优质的商业银行和房地产龙头企业估值会被市场打到不足 4 倍；我更没想到在移动互联网的鼓舞下，创业板可以获得 70 倍以上的高估值。一切是那么不可思议。对我而言，五年前设想的最坏可能全发生了。我毫无办法，只能紧紧地咬住牙关——熬。

2. 买入成本过高

我在2009年末至2010年初大规模买入万科A。我当时的理由是：我相信万科是一家伟大的公司，而且它比大多数公司便宜多了。但这恰恰是我犯的一个严重的错误。我买入时除权前平均成本为每股8.74元。2009年全年万科实现销售收入为634.2亿元，按10%净利润率估算，这家公司当年具备63.42亿元的盈利能力，相当于每股0.58元。

2009年最后一天，万科真实的每股净资产为3.72元（包括预收款结算）。我是用15倍市盈率和2.35倍市净率买入的股票，这哪里算便宜，这哪里有安全边际啊？要不是万科真是一家伟大的公司，我的投资结果只会更糟糕。同样，我在买入苏宁电器、五粮液、张裕B时都存在类似的错误，我当时忘记了巴菲特的谆谆教诲。

3. 建仓过急

对于买入万科A，不光是买入价格偏高的问题，建仓过急也是一个严重的错误。我当时大部分现金在8元以上被消耗掉了，没有力量继续在6~7元的位置买入更多。我心里知道它是有可能跌到那个位置的，但贪婪战胜了理智。我当时心里太害怕8元的万科是一个最终底部，我太渴望成功了，太渴望证明自己了。

4. 时机选择有问题

邱国鹭先生讲过："投资有三件事情最重要：公司品质、市场估值、买入时机。"2009年末，房地产调控政策刚刚开始。我当时判断："中国经济离不开房地产，整个行业不会受到致命冲击，而政策调控引起的股价下跌恰恰是买入机会。"现在看，整体判断没问题，但买入时机太早了。未来我依然会坚持左侧买入原则，人弃我取。但一定要保留足够的耐心，避免买入过早的问题。我本来是有机会买入 6.5 元的万科 A 和 120 元的茅台的，那将是多么美妙的事情啊！

5. 错过互联网龙头的投资机会

巴菲特不了解互联网，所以他不会买互联网企业，巴菲特没有什么错。但对 40 多岁，可以熟练使用互联网的我而言，不应该在 2009 年错过投资百度、腾讯、360 和苹果公司的机会。或许我的性格太保守，或许我的反应不够快。在我第一眼看到 iPhone 的时候就应该考虑买入苹果的股票。在我第一天接通微信，享受微信对讲的便利时，就应该知道，腾讯的内在价值又大大提升了。我可能以后依然会重复类似的错误，那怎么办呢？

业绩汇报

2014 年指数与账户净值涨幅

年　　份	上证指数	深圳成指	中小板指数	创业板指数	净收益
2010 年	-14.31%	-8.93%	21.25%		-5.53%
2011 年	-21.67%	-28.32%	-37.09%	-35.87%	-8.33%
2012 年	3.16%	1.94%	-1.37%	-2.14%	33.10%
2013 年	-6.75%	-10.91%	17.54%	82.80%	-27.16%
2014 年	52.87%	35.62%	9.67%	12.83%	79.19%
复合增速	-0.25%	-4.27%	-0.61%	6.56%	8.51%

数据来源：个人账户和新浪股票。

投资理念

艾丽斯·施罗德写的《滚雪球》、罗杰·洛温斯坦写的《巴菲特传》，还有本杰明·格雷厄姆编著的《聪明的投资者》，我已经读过很多遍了。我很喜欢反复读这些书，因为那样我就可以更深刻地理解巴菲特和格雷厄姆的思想。我所坚持的投资理念都不是我自己独创的，全部的智慧来源于巴菲特和格雷厄姆。

我从如下几个方面阐述我的投资理念。

1. 买最好的公司

股票市场短期是投票器，长期是称重机。平庸公司的股价在短期很可能跑赢优质公司，但股价一定会回归价值中枢。以十年大周期观察，A 股大多数平庸公司的股价运行曲线都是水平或向下的。而招商银行、云南白药、贵州茅台等优质公司的股价一定是呈螺旋震荡式上升的。这也是不以投机者的意志为转移的。坚持投资中国最优质的公司是我的投资方向。

虽然在 2009—2014 年我的投资业绩并不理想，但那不过是市场股价指标，我投资的万科和贵州茅台的内在价值都有了很大的提升。万科的销售金额从 2009 年的 634.2 亿元增长至 2014 年的 2151.3 亿元，五年增长 2.39 倍。茅台也是一样优秀，营业收入从 2009 年的 96.7 亿元增长至 2014 年的 322.17 亿元，归属于上市公司股东的净利润从 2009 年的 43.12 亿元增长至 2014 年的 153.5 亿元。中国还有很多优秀公司，比如阿里巴巴、腾讯、百度、中国平安、云南白药……我无法想象长期持有这些优秀公司不赚钱的理由。

2. 低估值更可靠

再好的公司，买贵了也有很大的问题。股票投资一定要买入估值合理的标的，同时要为自己留出安全边际。我自己的教训尤为深刻，用15倍市盈率、2.35倍市净率买进万科的股票是我犯过的一个严重错误。2014年上半年，兴业银行被市场抛售到3倍市盈率，那对我而言也是一节生动的风险教育课。我时常会问自己："如果这家公司今天清算，我能拿到多少钱?"我会用一生守护投资组合的安全边际。守住了安全边际，就守住了我对家人的承诺。

3. 要有足够的耐心

优质公司内在价值的变化是缓慢的，慢得让我们每天可能感觉不出来，就像我们无法用肉眼看出自己孩子每天在成长一样。内在价值的变化确实是存在的，只有经过了一段不短的时间，人们才能真正看得清楚趋势变化。这就像投资实体公司一样，必须要有足够的耐心。你不可能在餐厅装修好的第二天就卖掉它，那你为什么今天就着急卖掉昨天刚买进的股票呢?

只要市场不给出过于疯狂的估值，我会一直持有贵州茅台的股票。很多人可能不相信，我真的不希望贵州茅台的股价太高，当然也不希望过低，只要市场合理估值就好。整个2014年，贵州茅台的股价表现一般，但我已经很满足了，因为我根本没打算卖掉它。卖出我喜欢的公司会让我感到非常失落，我不喜欢那种感觉。

4. 重仓持股

但斌先生说得很对，股票市场比的就是谁看得准、谁出手重。用10%的仓位买进和100%重仓买进，心态是完全不一样的，考虑问题的视角也不一样。我认为，长期低仓位投资毫无意义。很多人在2013年的运气很好，押中了创业板公司的股价大涨，持仓翻三倍以上的情况并不少见。但如果仅仅买进了10%仓位的股票，即使股价翻了三倍，总资产也仅仅增值了20%。如果重仓买进，即使仅获得50%的收益，也会因为投资基数大而获益丰厚。重仓买进股票意味着要把安全边际看得非常重要，宁可少赚钱也要控制风险。

你投入了自己的全部身家，这里面有你心中的梦想，更有你对家人的承诺，丝毫不能大意。股票投资需要有严谨的逻辑。市场短期常常是无效的，市场不一定讲理，有逻辑也不能保证一定战胜市场，2013年就是如此。但有了逻辑，你才敢在暴风雨面前重仓持股。

5. 集中投资

未来中国，我看好金融、消费、医药、互联网等行业。我会集中投资这其中的2~3家公司。2012年我曾参加过一场投资沙龙，一位年轻投资者认为集中投资茅台风险过高，我不同意他的观点。记得我当时这样说："你在经营一家川菜馆的同时，还会同时经营洗衣房、修车店和保龄球会馆吗？谁也没有那么多的精力。生意做得太多，哪个都不一定能干好。

其实，每一家实体公司的老板都是在集中投资，他们不过是用1倍市净率买进了自己公司的股票而已。我倒觉得，绝大多数老板集中投资自己生意的风险比集中持有茅台股票大多了，因为没有几家企业有能力做到茅台那样高达90%的毛利率。”是的，人们更喜欢分散投资，这其实源于投资者对自己的持仓标的没有绝对的信心。既然没有信心，为什么还要买进股票呢？我更喜欢用生意的思维思考投资。2014年，我已经投资了房地产和白酒行业中五家公司的股票，这比我投资七年的手机生意分散多了，我不想再分散了。

为什么要投资

1. 自由地呼吸

2008年以前，我从来没想过会把股票投资作为我一生为之奋斗的事业。但我知道，我自己的手机渠道公司不是我的归宿，我一点也不喜欢那个生意，它完全无法激发我的热情。我应该算是一个有责任感的父亲，在深夜儿子已经入睡后，我常常失眠，思考着未来靠什么养活自己的家庭。偶然的机会，我了解了巴菲特的投资思想，也就是那么五分钟，我就变成了奥马哈先知的忠实信徒。年幼时对数学和历史课程的痴迷，加上多年运营企业的体验，让我自然而然地接受了价值投资。成功的投资可以让熟睡的孩子过上幸福的生活，还可以让我自由自在地追逐心中的梦想。

喜欢自由是人类的天性，这没有什么可以指责的。人生短短的几十年，我们为什么必须要为自己不喜欢的机构工作呢？像沃伦·巴菲特一样，和喜欢的人在一起，做喜欢的事情，自由地呼吸，那不就是我所追求的生活吗？

2. 企业主精神

20 多年的工作经历让我心中一直怀有企业主精神。我尊重那些投入资金，为社会创造财富和就业机会，为国家缴纳税收的企业主们，他们是时代的英雄。我曾是企业主中的一员，深深地知道生意人有多么艰难，身上扛着对家庭、员工乃至社会的责任，承担了全部的风险，随时要接受生意失败的命运安排。

股票市场的投资者也怀揣着同样的企业主精神。2010—2014 年，贵州茅台公司为国家缴纳各项税收合计 532.48 亿元，相当于每股 42.39 元；万科为国家纳税合计 737.04 亿元，相当于每股 6.68 元。这些钱都是从所有股东口袋里掏出来的，也有我贡献的一份，我因此为自己而骄傲。

一个人应该有理想。即使我们用一生都没有实现，但至少还为之奋斗过。我的理想就是：通过自己的努力工作，让家人生活得更好一点。我很愿意为国家和社会做一些有意义的事情，做一个好人，用自己的故事影响更多的年轻人。我的一生有可能碌碌无为，像一颗小沙粒一样消失在茫茫人海中，但我心中的梦想永远不会泯灭。

五年投资总结的最后，让我们回到沃伦·巴菲特的教诲：**用合理的价格买入优质公司股权，长期持有，获得合理的回报。**

附录二：2016 年年度投资报告

序　　言

2016 年是我从事投资事业的第七年。2012 年开始，我决定每年都要写一份年度报告，但 2013 年实在没有心情抬笔，所以今年的年报是第四份。非常遗憾缺失了 2013 年报告。让我们看看曾在 2013 年颗粒无收的农夫在 2016 年能不能收获一些果实吧。

七年的成绩单

我很高兴，2016 年的财务回报还不错。账户净值比 2015 年末增长 31.24%。如果算上我当年从股票账户取出的现金，2016 年实际收益率达到 35.54%。2016 年提出了这么多现金，主要因为买了辆新车，我知道如果我不花掉那些钱，10 年后我可能用同一笔钱买下五辆同型号的新车，这就是复利的力量！所以，我自己一点也不因为换车而高兴，但花些钱能让陪伴自己的老婆和儿子高兴高兴也很值得欣慰。2016 年的成绩单还是让人满意的。

要知道，整个市场可不太喜欢 2016 年。上证指数当年下跌了 12.31%，收盘于 3103.64 点；深成指下跌 19.64%，至 10177.14 点；创业板指数下跌 27.71%，至 1962.06 点。2016 年大幅度跑赢市场主要源于茅台的良好表现。茅台的股价从 2015 年末的 218.19 元上涨到 2016 年末的 334.15 元，涨幅达到 53.15%。整个账户并没有达到茅台的收益率，这源于我太“花心”了。2016 年末我竟然持有多达 10 家公司的股票，确实太多了！我向来不主张分散投资，表面上可以美其名曰地降低风险，但也实实在在地降低了收益率。

查理·芒格主张一定要集中投资，他曾这样说过："我的观点更为极端。我认为在某些情况下，一个家族或一只基金用90%的资产来投资一家公司的股票，也不失为一种理性的选择。"我心里很明白，如果我一生只拥有一家公司的股票，比如贵州茅台，我晚年一定会非常幸福，可能会比拥有10只股票更富有。

截至2016年末，七年的复利净收益率达到15.57%，但如果把这几年从股市取出的现金考虑进去，七年真实的复利收益率为18.52%。我也清楚地知道，过高的收益是无法持续的。所以未来10年的目标依然是："总复利收益率达到15%，净复利收益率在13%以上。"我认为，如果能够实现既定目标，自己已经很满足了！让我们看看这份七年的成绩单吧！

2016年指数与账户净值涨幅

年　份	上证指数	深圳成指	中小板	创业板	净收益	总收益
2010年	-14.31%	-8.93%	21.25%		-5.53%	-5.53%
2011年	-21.67%	-28.32%	-37.09%	-35.87%	-8.33%	-5.02%
2012年	3.16%	1.94%	-1.37%	-2.14%	33.1%	34.96%
2013年	-6.75%	-10.91%	17.54%	82.8%	-27.16%	-25.96%
2014年	52.87%	35.62%	9.67%	12.83%	79.19%	89.68%
2015年	9.41%	14.98%	53.7	84.41%	39.43%	42.55%
2016年	-12.31%	-19.64%	-22.89%	-27.71%	31.24%	35.54%
复合增速	-0.77%	-4.16%	2.01%	9.51%	15.57%	18.52%

数据来源：个人账户和新浪股票。

坚持投资信仰

1. 贵州茅台

我曾经说过："我不愿意贵州茅台的股价过高，该值多少就多少，我希望能永远拥有它。"当然，我也不喜欢茅台的股价过低，这样会让我觉得有些不公平。我认为这家公司目前应该值5000亿至6000亿元。从盈利能力角度讲，茅台酒在2017年可能会卖出6300万瓶左右，光是茅台酒的营业收入就会达到440亿元以上，如果再加上系列酒50亿元的收入，上市公司收入将逼近500亿元，这意味着这家公司在2017年可以为股东创造230亿元的税后净利润。要知道，茅台还有好多的潜力远远没有被发掘出来。这些潜力包括：产能持续放大、涨价、股权激励。我相信完成股权激励后，管理层利益将会和股东利益紧密捆绑在一起，公司的营销效率会更高，运营成本会更低。

我预计在几年后，茅台很快可以为股东们创造500亿元的年税后净利润。那时候，茅台的市值应该可以站上10000亿元。很多人错误地认为茅台的市净率过高了，从资产负债表中看可能确实如此。2016年9月末归属于上市公司的权益为686.42亿元，对应2016年收盘市值4183.56亿元的市净率为6.09倍。但贵州茅台和五粮液这样的公司是具备巨大的品牌溢价的，只要闭上眼问问自己第一反应中"最好的白酒品牌是哪两个?"就应该想明白了。茅台酒最大的价值是稀缺的、不可替代的。

我一直搞不清楚怎么会有人认为伊利比茅台的商业模式更好。北京人可以喝三元牛奶替代伊利，上海人也可以选择光明，广州人也可以选择蒙牛。但没有什么可以替代茅台的味道，没有什么可以替代茅台带给人们精神上的那种满足感！2016 年 9 月末，茅台拥有近 160 亿元规模的在产品和半成品，这些生产中的茅台酒按每瓶 40 多元计入报表。

想一想，如果明天贵州茅台公司发出清算公告，告诉人们以后不再生产茅台酒了。我想人们会疯狂地以 3000 元/瓶买下茅台酒的全部库存，茅台的清算价值将高达 6400 亿元。无论从哪个方面讲，5000 亿至 6000 亿元的茅台都是物有所值的。我很高兴我有 51.93% 的仓位都放在茅台上，比 2015 年末的 48.27% 提升了 3.66 个百分点。我在 2016 年加仓了一些贵州茅台的股票。我没有打算卖出它们，我希望到我 70 岁的时候，我的钱依然投在这家公司。

社利最近和我讨论："应把五粮液和洋河的投资集中到茅台上。"我知道这样的财务效果会更好，但我无法克制自己拥有"五粮液"和"洋河"的冲动！2016 年 1 月，我在几乎是最低位置买入了洋河的股票，年末获得了超过 30% 的收益。我相信只要茅台出厂价开始上涨，五粮液和洋河的盈利增长空间就会被全面打开。我喜欢这三家白酒公司。

2. 集中投资

我从来不认为分散投资是一个好主意。查理 · 芒格认为只要买入 2 ~ 3 家最优秀的美国公司股票就会非常富有。人们正是因为心里没有把握才不得不把钱分成很多份，没有把握又为什么要开始投资呢？我承认我在这方面做得并不好，但我和投机者完全不同，我只是控制不住自己非得拥有一些公司的冲动，哪怕它们没有茅台那么好，变成它们的股东会让我感到很兴奋。

当然，投资七年中，最重的仓位也只是放在两家公司身上，那就是万科和茅台，这是我投资生涯中真正打下的两个孔，我押上了几乎所有的钱。事实证明，那确实是我这些年最好的两个生意。

3. 重仓

投机者保护自己最好的方式就是分散投资，也就是轻仓。投机者一方面不愿意买入确定性更强的优质公司股票，一方面又极其厌恶不确定性。他们会有很多荒谬的说法："那些蓝筹股好是好，但一年只能赚上 10%？""我怎么可能把所有的钱都买成股票呢？太危险了！"这些说法往往是自相矛盾的。投机者希望以最快的速度赚钱，但又不愿意承担风险。我的方法完全不同，我会认真研究行业和公司，挑选出最优秀的企业长期跟踪，一旦发现有非常好的介入机会，就会集中大部分资金重仓介入。

2010 年初买入万科和 2012 年买入茅台都是如此。我回忆了一下，从 2010 年开始，几乎每一天我都是满仓的。对于市场交易者而言，这完全不能够理解，但那些经营实体公司的人都知道我在做什么。我不是一个市场交易者，我是一个生意人。我怎么可能在发现一个好生意时只把 30% 的钱放里面呢？投机者会说满仓会带来万劫不复的风险，但我实在看不出来茅台和兴业银行的经营有什么风险，股票价格波动本身与企业经营没有什么关系。

价格波动也不是真正的风险，用 100 倍市盈率买入股票的人们才存在真正失去金钱的风险。2004 年，我把所有的钱都投到了自己的手机公司。2010 年，我把那些钱收了回来交给万科和茅台。我一直在满仓投资，万科和茅台比我那家手机公司优秀多了，我理应有更好的结果。

快乐地工作

老刘从国企辞职后通过投资房产已经很富有了，他很满意自己现在的生活状态。他这样和我说："我并不只是因为赚钱，我现在很快乐，可以不去和人打交道了。"我更喜欢热闹，喜欢和谈得来的朋友们在一起，但我也会厌烦世俗社会中的世态炎凉。我讨厌朋友间掺杂着不干净的东西，那样会让我觉得"友谊"这两个字被玷污。如果因为财务所迫，不得不和不喜欢的人在一起，甚至为不喜欢的人工作，那会让我痛苦万分，这也是我极力避免的生活状态。

我记得，我上学时最喜欢历史和数学，我高中历史统考得了满分，高考数学成绩是 115 分（满分为 120 分）。我曾想不明白这两门学科到底有什么关系。直到 40 多岁的时候，我才明白了投资不是艺术而是哲学问题。要做好投资，不光要学习好数学和会计学，更要学习历史和心理学知识。伽利略说过："数学是上帝的语言。"西塞罗讲过："历史是时代的见证，真理的火炬、记忆的生命、生活的老师和古人的使者。"历史中贯穿了人性中永远不变的贪婪和恐惧。和优质公司的财务数字在一起，和伟大的历史人物在一起，不光可以赚到钱，更可以避免和不喜欢的人在一起。

到了我这个年纪，已经不会在意别人说什么了。内部记分牌最重要！总体来说，我对自己这七年的生活状态是满意的。人生很短暂，和喜欢的人在一起，做喜欢的事情。这样生活不是很好吗?

我对投资的股票很有信心。我认为五粮液、洋河、云南白药、保利地产都应该值2000亿元以上，茅台的合理市值应该在5000亿至6000亿元，兴业银行更不应该仅用3000亿元去交易。我的投资还有很大估值修复空间。更可喜的是，这些公司像树木一样每天都在成长，只不过我们用肉眼感觉不出来而已。它们还远远没有长成参天大树。这都是中国最好的公司，而且竟然股价从来没有被高估过，我们的好日子还在后面呢!

附录三：2017 年年度投资报告

序　言

2010—2017 年我的复合收益率达到 26.79%，2017 年当年的收益率竟然高达 103.29%。如此高的收益率竟然让我最近一段时间一直是懒洋洋的状态，没有一点激情，甚至丢失了以往写博客的灵感，反而是那些艰难的岁月更能激发我战斗的本能。应该承认，如此之高的收益率是不正常的。我从未被过高的收益率冲昏头脑，我也没有调高自己未来的收益率目标。

在将来的 10 年，我还是希望可以获得 15% 以上的复合收益率。二级市场在 2017 年对我持仓的公司给予了充分的信任，甚至远超我的预期。这也是我缺失激情的原因，但我却并未惴惴不安，因为整体持仓仍在合理估值范围之内。2017 年 12 月 31 日，我持仓市值对应 2017 年持股的实际收益只有 21 倍市盈率。我并不希望某一年股价上涨得过快，也不希望过得像 2013 年那样悲伤。但没有办法，市场情绪并不是我能控制的，我只能学会去适应。就像那些远航的水手一样，他们会享受风平浪静的好天气，但也必须面对可能出现的狂风巨浪，那就是大海的魅力，也是那些扬帆远航的水手不屈不挠精神的最感人篇章。

八年的成绩单

我很高兴，2017 年的财务回报还不错，实际收益率达到

103.29%。整个市场在2017年并未上涨多少，上证指数当年上涨了6.56%，收盘于3307.17点；深圳成指上涨8.48%，至11040.45点；创业板指数下跌10.67%，至1752.65点。从上证综合指数看，2017年末的3307.17点仅比2009年末的3277.14点多了30.03点，八年几乎没有什么增长，而深圳成指八年下跌了2659.52点，难怪A股市场中大多数人都在赔钱，我一直认为虚高的股价是最根本原因。

在“万有引力”的客观规律作用下，整个市场的估值中枢一直在慢慢地向其应有的方向缓慢下移，股民始终没有逃脱为“高估值”埋单的宿命。只不过人们不光付出了金钱，更付出了宝贵的时间。

2017年，我将投资的股票数量从八只缩减到四只，我买进了招商银行和东阿阿胶，陆续卖掉了洋河、云南白药、兴业银行、保利地产、宇通客车。卖出的公司都是非常棒的公司，我并不是不看好它们的未来，而是希望做更加集中的战略布局。我的资金量完全没有必要投资八家公司，四家都偏多。

现在，我已经拥有了一份八年的成绩单。截至2017年末，八年的复利净收益率达到23.75%，但如果把这几年从股市取出的现金考虑进去，八年真实的复利收益率高达26.79%。我清楚地知道，过高的收益率是无法持续的。所以未来10年的目标依然是：“总复利收益率达到15%，净复利收益率在13%以上。”我认为，如果能够实现既定目标，自己就很满足了！让我们看看这份八年的成绩单吧！

2017 年指数与账户净值涨幅

年　　份	上证指数	深圳成指	中小板	创业板	净收益	总收益
2010 年	-14.31%	-8.93%	21.25%		-5.53%	-5.53%
2011 年	-21.67%	-28.32%	-37.09%	-35.87%	-8.33%	-5.02%
2012 年	3.16%	1.94%	-1.37%	-2.14%	33.1%	34.96%
2013 年	-6.75%	-10.91%	17.54%	82.8%	-27.16%	-25.96%
2014 年	52.87%	35.62%	9.67%	12.83%	79.19%	89.68%
2015 年	9.41%	14.98%	53.7	84.41%	39.43%	42.55%
2016 年	-12.31%	-19.64%	-22.89%	-27.71%	31.24%	35.54%
2017 年	6.56%	8.48%	16.73%	-10.67%	99.78%	103.29%
复合增速	0.11%	-2.66%	1.75%	6.37%	23.75%	26.79%

数据来源：个人账户和新浪股票。

我是生意人

1. 我是卖酒的

我早早就明白，生意和生意是不一样的。给大家讲讲我做手机生意的故事吧。2000 年我们公司是诺基亚的全国代理商，那时我们手里的诺基亚 6110 和变色龙 5110 供不应求。北京中复电讯的台老板托关系找到我们，希望直接拿货。我们开出的条件是：中复要先开出一张 500 万元的支票，货分批给，用完了再付 500 万元。台老板爽快地答应了我们的所有要求。

我至今仍记得那天谈妥后他高兴的样子。一年后，中复采购部经理找到我们："马总，看看现在手机也不是太好卖，咱们还是改成现款现货吧。"从此，我们再也见不到 500 万元的支票了。

两年后，台老板吩咐手下找我商量，中复希望我们公司给予几天的账期。后来，我们代理了一款海尔手机，我特意拜访了中复在北京东大桥的总部，希望得到台老板的支持。台老板并没有腾出时间接见我，而是通过手下人传达了他的意见：铺货代销。我做生意多年，深知好生意和坏生意的区别。好生意是不需要给客户放账期的，更别说铺货代销了。

我发现，在中国只有两家公司的产品足够强势，常年收预收款卖货，一个是 iPhone 手机，另一个就是茅台酒。我为什么不赶快拥有茅台酒这样的生意呢？于是从 2013 年开始，我借着塑化剂的机会登上了茅台酒这趟好生意的列车。我不再是一个手机商人，我改卖酒了，我卖的可是全世界最棒的酒——茅台酒！我以前卖手机的存货是贬值的，现在的茅台酒是升值的；以前卖手机需要给零售商放账期，现在的茅台酒是向经销商预收款，排队等货。您可能会说："你只是茅台的小股东，公司好跟你有什么关系？"我要说："这就是我们看问题的根本不同！你为什么没有赚到钱？就是你把股票当成股票，我却把股票看成生意。你更没有看出茅台这个生意有多么与众不同，而我早早就看明白那是一个神奇的生意了。"茅台公司就像一台超级印钞机，不停地把 73 元的成本印成 819 元的茅台酒。

2017 年末，我又收到了好消息，茅台公司将 2018 年出厂价平均上调了 18%，这台印钞机将会创造出更多的财富。拥有库存天天升值的生意，一个不需要给客户放应收款的生意，一个可以涨价的生意，我想不赚钱都难啊！

不知道是谁说的："中国的股票并不稀缺，好公司的股票是稀缺的。"我完全同意这个观点。茅台的股票无疑是稀缺中的珍品了，那是上天送给中国股民的礼物。这家公司的巨大价值并未体现在资产负债表中，而是在每个人的心中。

我注意到，有人用茅台与银行股进行市净率数据比较，来说明茅台股价被严重高估。我认为，这些人比古人刻舟求剑更加刻板而毫无道理。茅台体现在资产负债表中的账面资产主要是实打实的现金，2017 年 9 月末，茅台账面资产为 843.56 亿元，而期末现金就高达 809.65 亿元。大家想一想，如果明天茅台把这 809.65 亿元现金全部通过分红的形式返还给股东，茅台这家公司的市场价值是不是就真的接近“0”了？显然不是，茅台拥有巨大的商誉，只不过商誉没有体现在财务报表中而已。

我们看看那些环保或者高速公路公司，账面资产中绝大比例是无形资产或者商誉。例如，在香港上市的中国水务（00855.HK）2016 年末账面资产为 89.63 亿元，而无形资产就高达 96.3 亿元。而这 96.3 亿元无形资产恰恰是中国水务最值钱的资产：中国政府的特许经营权。茅台的商誉远比中国政府颁发给水务公司的特许经营权更有价值。政府颁发的特许经营权可能有 20 年或 30 年的期限，而茅台的特许经营权却是无限期的。茅台酒是中国文化基因的一部分，我觉得茅台公司的商誉价值至少应该在 5000 亿元以上。

客观说，经过 2017 年的股价大涨，目前茅台的股价并不便宜。目前 8761 亿元市值对应 2018 年盈利在 25 倍左右。我也不希望茅台的股价被过分高估，这样会增加我持股的干扰，毕竟我还没有修炼到巴菲特和芒格的思想高度。但我知道，我已经在这辆车上了，每每看到人们晚上开茅台宴请宾客时，我都会心满意足地告诉自己：“这样很好，我又赚钱了！”

2. 中国最好的银行

2016 年 10 月读过几家银行的三季报后，我发现招商银行的资产质量似乎出现了拐点。由于我当时持有兴业银行，所以更希望看到全行业的拐点。发布 2016 年年报后，招行再次确认了资产质量变化的拐点。我是从关注类资产数值的变化、逾期贷款数值的变化确认拐点的。

2016 年末，招商银行关注类贷款余额为 681 亿元，比 2015 年末的 737.94 亿元下降 56.94 亿元，2017 年 6 月末进一步下降到 607.39 亿元。2016 年末，招行逾期贷款余额为 698.79 亿元，比 2015 年末的 803.68 亿元下降 104.89 亿元，2017 年 6 月末微升至 715.87 亿元。招行的拨备覆盖率从 2015 年末的 178.95% 上升至 2017 年 6 月末的 224.69%。

我当时思考："招行资产质量拐点是银行全行业资产变好的先兆，还是招行主动调整的个别现象?"招行对风险资产的主动管理迹象非常明显，最近几年，银行业的坏账主要集中在三个行业：制造业、批发零售业和采矿业。2010—2017 年 6 月末，招行在这三个行业八年的放贷比例分别为：29.14%、32.87%、33.96%、34.06%、28.9%、22.72%、17.65%、14.87%。从 2014 年开始，招行率先大幅度降低坏账集中行业的放贷比例，把贷款集中到更安全的行业和更优质的客户身上。而银行业的坏账特点是一次性的，在冲销了几笔问题资产后，信誉更好的客户很难再为招行带来更多的坏账。

而招行也越来越像一家真正的零售型银行，2017 年 6 月末，招行个人贷款余额占比 48.08%，第一次超过了企业贷款余额占比47.57%。很多人认为："中国的商业银行都是政府背书的同质化银行，每家经营的效果差别不大。"这种看法对招行管理层的努力工作很不公平。银行业是高杠杆行业，3000亿元的净资产可以撬动6万亿元的总资产，只要坏账率超过5%，理论上就可以亏掉全部净资产。我相信如果清盘，有些银行的不良贷款率一定超过10%，这也是资本市场不愿意给予银行高估值的原因。

手机公司最大的经营风险在于存货贬值，商业银行最大的经营风险在于资产质量，那些风险控制能力更强的银行理应获得更高的市场估值。我个人认为，招行的合理估值应该在15倍市盈率，而那些经营不善的银行只能享受6~8倍的低估值。2017年招行的税后净利润应该在700亿元以上，我相信其真实的经营成果应该超过800亿元。按照我的判断，现在的招商银行就应该值1万亿元市值。谁也无法否认这家银行的经营越来越好，它的很多数据变化是我们在其他银行身上很难发现的。

2017年一季报后，我开始买进招行的股票，2017年末我在招行的持仓占总投资资产的22.49%。招行已经成为我的第二大投资标的。我相信招行不会让我失望的。我拥有了全世界最好的酿酒公司，还拥有中国最好的银行，生活怎么可能不越来越好呢？

我的价值

对于即将到来的2018年，我并没有什么展望。我不知道2018年市场是涨是跌，也没有兴趣去预测什么。但我很清楚不可能总是获得像2017年那么高的收益率。日子是一天一天地过，雪球是一点一点地堆厚。我从来没有期望"一夜暴富"，我已经习惯了平平常常的日子。

我确实是使用年末持仓市值来衡量每一年工作业绩的。但市场给出的股价或多或少都会有大众情绪的反映，并不能真正说明什么。2013 年我持有万科和茅台的内在价值都是上升的，但市场却漠视了我一年的努力工作。2017 年我持仓公司的内在价值也没有增长 103. 29% 那么高，市场又高估了我在 2017 年的工作。

前几天，一个朋友问我："你做投资会赚很多钱，但你生活的意义是什么，仅仅就是为了赚钱吗?"我这样告诉他："投资可以让我养活自己的儿子，让家人过上体面、安全的生活。投资可以让我在不求人办事的状态下赚到钱，让我可以自由自在地呼吸。我喜欢那种感觉。当然，我也希望用我的故事影响那些刚刚步入社会的年轻人，告诉他们还有一种干干净净的赚钱方式，不用去搞人际关系，不用去学习权钱交易，不用去讨好任何人。哪怕只有一个年轻人因为我而没有被不健康的社会风气污染，那也算我尽到了一份社会责任。"

附录四：2018 年年度投资报告

2018 年对于中国股市的投资者而言，注定是艰难的一年，各指数悉数下挫。还好中国股民早就学会了坚强，也习惯了擦干眼泪迎接新的一年。

我一直认为：这个世界上最难干的两件事情就是经营餐厅和买卖股票。这两件看似简单的事情吞噬了太多人太多的财富。对于中国股市的大多数投资者而言，未来充满了不确定："人口红利消失、房地产泡沫、中国经济降速、外部经贸环境恶化……生意越来越难做。"但有一些事情是确定的，那就是 90% 甚至更多的人不可能在中国股票市场赚到钱。今天不能，明天也不能。他们注定会把金钱留在这个市场，把眼泪留给自己，而沃伦·巴菲特的信徒将确定无疑地成为这个市场的少数赢家。

投资者为什么亏损

1. T 总的上市公司

T 总是我年轻时的朋友，他创立的公司在 2017 年很幸运地登陆了创业板。我认为，这家在传统行业年税后盈利 4000 万元左右的公司，其内在价值也就在 4 亿元左右。但即使在 2018 年的大熊市里，这家公司的股票依然以 20 亿元市值被交易着。T 总充分享受着 A 股炒小、炒新、炒题材带来的好心情。所有的财富都不是凭空制造的，20 亿元市值意味着这家公司股东整体可能有 16 亿元的潜在风险。那些风险是实实在在存在的，这不过它们暂时还没有被释放而已。

2018 年全年，这家公司在 A 股总交易额为 115 亿元左右，这意味着券商佣金和政府印花税合计1265万元。相当于这家公司去年净利润3960万元的31.94%。上市公司为股东剩下的真正利润仅为2695万元，对应20亿元市值的实际收益率只有可怜的1.35%。

凭我的经验，未来10年T总公司的内在价值很难有什么实质性的增长。如果在“万有引力”的作用下，T总公司的股票市值在10年后回归至4亿元，投资者会实实在在地亏掉那16亿元。此外，人们还需要付出2亿元的税费。如果有几个极其聪明的玩家再从这家公司的股价博弈中额外多拿走2亿元。这家公司股东整体的总亏损将达到20亿元。一级市场的大股东总是幸运的，二级市场高价买进股票的普通人是那么让人同情。

2. 伤痕累累的投资者

我本人是2010年初进入中国股票市场的，至2018年末整整九年。这期间，上证指数从3277.14点下挫至2493.9点，投资者年复合收益率为－2.99%；深圳成指从13699.97点跌至7239.79点，年复合收益率为－6.84%；中小板指数从5631.76点跌至4703.03点，年复合收益率为－1.98%。

这意味着，如果把中国股票市场看成一个整体，中国投资者在长达九年的时间段内是亏损的。A股中有太多像T总公司一样被高估的股票，市场每天都在演绎着指鹿为马的荒诞故事。我看到了内在价值1元钱的股票被人们愚蠢地以5元甚至10元交易着。而“万有引力”又不断地引导着股价向1元钱理性回归，这就是股票市场整体亏损的原因。畸形的高估值市场吞噬着千家万户的血汗钱。

2010—2018 年，中国股票基金九年总交易额在 1618.32 万亿元左右，如果按万分之六的交易佣金计算，券商获取了 1 万亿元经纪业务佣金，再加上 3000 亿元融资融券利息收入。这九年券商共计从 A 股市场拿走了 1.3 万亿元，1618.32 万亿元的总交易额还需要给政府缴纳 0.1% 的印花税（0.81 万亿元）。A 股投资者的命很苦，他们不知道每一张股票到底应该值多少钱，用 10 元钱买入了只值 1 元钱的股票，又要在九年里缴纳近 2.1 万亿元的税费。

九年的成绩单

2018 年，我浮亏了 12.49%。这里很不谦虚地使用了“浮亏”一词，是因为我不认为自己的账户亏损像大多数人们一样是真实的损失。在九年投资生涯中，我很不好意思地出现了四年亏损，可见中国股票市场的波动率之高，更说明我自己还不足够优秀。

现在，我已经拥有了一份九年的成绩单。截至 2018 年末，我九年的复利净收益率达到 18.62%，但如果把这几年从股市取出的现金考虑进去，九年真实的复利收益率为 21.68%。长达九年的成绩单说明，我具备在这个市场生存的资格，经得起考验！

我是沃伦·巴菲特的信徒，我相信逻辑和常识，是真正的强者！我也清楚地知道，以往过高的收益率是无法持续的。所以未来十年的目标依然是：“总复利收益率达到 15%，净复利收益率在 13% 以上。”我认为，如果能够实现既定目标，自己已经很满足了！让我们看看这份九年的成绩单吧！

2018 年指数与账户净值涨幅

年　　份	上证指数	深圳成指	中小板	创业板	净收益	总收益
2010 年	-14.31%	-8.93%	21.25%		-5.53%	-5.53%
2011 年	-21.67%	-28.32%	-37.09%	-35.87%	-8.33%	-5.02%
2012 年	3.16%	1.94%	-1.37%	-2.14%	33.1%	34.96%
2013 年	-6.75%	-10.91%	17.54%	82.8%	-27.16%	-25.96%
2014 年	52.87%	35.62%	9.67%	12.83%	79.19%	89.68%
2015 年	9.41%	14.98%	53.7	84.41%	39.43%	42.55%
2016 年	-12.31%	-19.64%	-22.89%	-27.71%	31.24%	35.54%
2017 年	6.56%	8.48%	16.73%	-10.67%	99.78%	103.29%
2018 年	-24.59	-34.42%	-37.75%	-28.65%	-15.51%	-12.49%
复合增速	-2.99%	-6.84%	-1.98%	1.19%	18.62%	21.68%

数据来源：个人账户和新浪股票

赚钱的密码

2018 年，我写了四篇标志性文章：《投资就是生意》《估值的艺术》《耐心是最大的美德》《伟大的人性博弈》，系统地论述了自己对价值投资的理解。我相信，这四篇文章里就藏着我赚钱的密码！我想，你们一定又要讥笑我了：“看看那个大言不惭的家伙，他明明在 2018 年亏了钱，却硬说自己有什么赚钱的密码？”

从 2010 年进入股票市场的那一天，我就是把股票看成生意。投资的本质是很简单的，只是金融行业把投资看得太复杂了。沃伦·巴菲特早早就认识到了投资的本质，并且把简单的投资持之以恒地做成了伟大。我很幸运在进入中国股市之前就先触碰到了巴菲特的思想。我没有被市场污染，并且学会了真正有用的知识。我所有的投资智慧都来源于沃伦·巴菲特和查理·芒格，他们像灯塔一样指引着我生活的方向。

仔细想想，对于一个像我一样 40 多岁的中年人，现在重新学习专业医学技能已不现实。在目前的经济形势下，自己经营一家小型企业很难保证真正赚到钱。还好，我可以通过二级市场买进优质上市公司股权。我不是在 K 线图中去找明天可能上涨的股票，而是去找未来十年有竞争力的生意。

我如果知道怎么做会毁掉自己，就可以永远要求自己不去那么做了。在股票市场上毁掉一个可怜的中年男人的方法有很多，比如，可以教给他很多投机技巧，让他精通什么 60 天线和 120 天线是如何交叉的，这样他就会每天坐在电脑前频繁地买卖股票。我还会带他去多参加乐视网的路演，把不切实际的幻想兜售给他。我想，这样不光可以毁掉那个中年男人的积蓄，还能毁掉他的身体。他可能早早就掉光了头发，只剩下两行老泪，他可能根本活不到 60 岁。

我的投资过程充满了逻辑思维。在投资前，我会用定性分析找出那些优质的生意，再用定量分析确定这个生意的内在价值。长期持有的目的是让这个生意的市场定价最终回归到称重器应有的位置，同时避免像交易者一样愚蠢地频繁支付印花税和佣金。我会定期检查自己的生意，一旦发现股价高估或者发现更好的生意机会，我会做出必要的调整。只要我投资的生意变差，变得不那么有竞争力了，就会毫不犹豫地卖出股票。

我认为，未来 2 ~ 3 年，高端白酒无疑处于量价齐升的高景气区间。茅台、五粮液无疑是非常棒的生意！意外下跌的股价为二级市场带来了最佳的买入时机。我也在 2018 年四季度做出了重要的调整。我卖出了招商银行，重仓买进了五粮液。招商银行是中国最好的商业银行，我想招行应该领先全行业至少两年。但我不会机械地理解价值投资，50 元的五粮液和 90 元的五粮液绝对不是一回事。相对于银行复杂的商业模式，我更喜欢五粮液简单的商业模式。

2018 年下半年，我评估五粮液每股的内在价值在 75 元左右。2019 年将会提升至 90 元附近，50 元无疑是一个非常棒的价格！2018 年末，我将 98.02% 的仓位放在茅台、五粮液的生意里。我对未来充满信心！

充满逻辑的世界

股票市场是充满了偶然和必然。股票短期是投票机，长期是称重器。我们无法预知每一张股票第二个交易日是涨是跌，但我们知道股票的市场价值长期一定会回归内在价值。股票不是一张张被炒来炒去的纸片。每一个股票市场的赢家绝对不是偶然的幸运儿。我没有见过哪一个沃伦·巴菲特的真正信徒不赚钱。我更没有见过哪一个投机者能够成为市场的真正赢家。

1857 年 8 月 27 日，华尔街天才的投机家雅各布·利特尔第四次破产，从此再也没有爬起来。1940 年 11 月一个大雪纷飞的日子，20 世纪华尔街最著名的投机家杰西·利弗莫尔在打发走讨要房租的房东后，用一颗子弹结束了自己的生命，他留下的遗书写道："我的人生是一场失败。"

我常常看到两鬓斑白的老人在电视中谈论着股票的热点板块，也会在北京海淀图书城里看见认真翻看 K 线图书籍的人们。我从心里同情他们，大多数人终其一生都没有明白自己必然会把自己的金钱还给这个市场，我在《2018 年年度投资报告》中罗列了这其中的原因。我也在年报中向大家分享了自己赚钱的方法。那不是我创造出来的理论，所有的智慧来源于伟大的沃伦·巴菲特和查理·芒格。让我们用一句话向导师们致敬："用合理的价格，买进优质公司股权长期持有，获得合理的回报！"

附录五：2019 年年度投资报告

我的《2019 年年度投资报告》也可以命名为《十年投资总结》，我整整做了十年投资。很奇怪，我竟然没有想把《十年投资总结》写得更精彩一点的冲动。还是像 2017 年那样懒洋洋的，但每到提笔的时候，我脑海里总是会回忆起开始时的情景，那是 2009 年末和 2010 年初。

回到十年前

从 2004 年开始做了七年的手机生意让我越做越苦恼。公司财务回报率一年比一年更低，最要命的是，这个生意似乎完全看不到前途。

我不知道自己这家公司还能活多久。

我将怎么面对跟了我七年的员工，还有信任我的股东？

我靠什么养活自己的家人？

这都是我每天不得不面对和思考的问题。但无论如何，我知道是时候改变什么了，也必须要改变了！

出差途中，我偶然在首都机场的书店读到了巴菲特的故事。真的就是那短短的五分钟，我竟然完全接受了巴菲特的投资理念。我的人生也将从此改变！那个可爱的老头儿用他的成功故事告诉我，这个世界上还有一种不用和复杂的人际关系打交道的赚钱方式，利用常识和逻辑去赚钱，那是我喜欢并擅长的方式。我决定把手机生意的资金收回来，投资到中国更有前景的生意中去。我就这样开始了！

过往的手机生意回报率大概在 10% 左右。2010 年初开始投资股票时，我定下了15%的复合收益率目标，那可是不低的数字，意味着我十年后的资金总量将上涨三倍。如果真能做到，想想都让人兴奋！

但在2010年初，我并未在股票市场赚到一分钱。我认识的朋友们中，也没有一个靠买卖股票可以支撑生活。未来的一切充满了不确定性，就像19世纪初卖掉新英格兰的房产，带上一家老小，套上马车西进的美国人一样，我当时的心情是既兴奋而又忐忑不安。我常常会想："如果最坏的可能性发生会怎么样？如果我2~3年并没有赚到钱怎么办？"太可怕了！我至今仍清晰地回忆起当时后背发凉的感觉。但我必须义无反顾地前行，因为我已经没有退路了！

过程的艰辛远超想象

那些在10年前和20年前，拿出全部身家，承担了巨大风险买进股票的人们真的就像19世纪西进的美国人，像20世纪初闯关东的山东人。为了更美好的生活，为了自己能左右自己的命运，人们孤注一掷，勇敢地面对未知的挑战。有太多人遭遇不幸，他们赔掉了自己的全部金钱和最好的时光，只留下两鬓的白发和辛酸的眼泪。想想都让人心痛！

我也是追逐梦想勇敢面对未知世界的一员。回忆走过的旅途，出发前曾预想的最坏情况几乎全部发生了，甚至比想得要更加糟糕！我何止2~3年不赚钱？整整在途中煎熬了58个月。但还好，我没有犯致命的错误，我一直走在一条正确的路线上。

2010—2011年，我咬着牙坚持着每一天。2010年我的资产市值缩水了5.53%，2011年又缩水了5.02%。虽然我大幅度跑赢了上证指数22.61个百分点，但我并没有赚到钱啊！“干正经事”的朋友们看着我像一个走火入魔的怪人，他们会善意地劝我：“你真的不能放着好好的生意不做玩股票去。”玩股票的朋友又是这么对我说：“中国股票就得炒，四个人中三人投机你投资，这不是成笑话了？”那两年，我学会了不去对人解释什么。加上之前手机生意的低回报，我已经在商场中煎熬了九年。纵使有100张嘴，我也说不清楚啊！2012年我的投资收益高达34.96%，我像刚刚翻过了落基山脉的人们一样轻轻地咽了一口唾沫。在准备赶着马车继续前行的时候，我不知道一场特大的暴风雪在等待着我。

2013年，创业板指数暴涨82.8%，而我持有的万科和茅台股价连续下跌了13个月。我在当年浮亏25.96%。如果按股票净值计算，我整整干了三年还亏了16.04%。

十年的成绩单

过程艰辛无比，结果却让人欣喜。2018年，我用“浮亏了12.49%”来说明自己当年的成绩。但我当时就知道，我抓到了一次大机会。2018年重仓买进五粮液股票后，我在2019年的业绩好得难以想象。我在2019年获得了183.46%的浮盈。扣除我当年从股票市场取出的现金后，净值比年初增长168.22%。这让我拥有了一份让自己瞠目结舌的十年成绩单。

2009—2019年，我的加权平均复合收益率高达32.42%，扣除历年取出的现金后，十年净值复合收益率为28.7%。这意味着我的净值在十年间涨了11.47倍，加权平均的总收益涨了15.58倍。远远超过当时的15%复合收益率的目标。

但我冷静地知道，这么高的回报率未来无法持续。是的，我总是这么理性。因为没有人可以做到，也很难有人比沃伦·巴菲特更聪明。我知道自己有几斤几两，不会像股票市场的自大狂一样忘乎所以。

在过去十年，我获得这么高回报率的一个重要原因是中国股市的不成熟。大起大落的股价让我幸运地抓住了几次大机会。随着这几年股票市场的成熟，了解价值投资的人们越来越多，这一定会使我未来的回报率回归理性。所以，我未来 10 年的目标依然是："总复利收益率达到 15%，净复利收益率在 13% 以上。"我认为，如果能够实现既定目标，自己应该会满足了！

让我们看看这份十年的成绩单吧！

2019 年指数与账户净值涨幅

年　份	上证指数	深圳成指	中小板	创业板	净收益	总收益
2010 年	-14.31%	-8.93%	21.25%		-5.53%	-5.53%
2011 年	-21.67%	-28.32%	-37.09%	-35.87%	-8.33%	-5.02%
2012 年	3.16%	1.94%	-1.37%	-2.14%	33.1%	34.96%
2013 年	-6.75%	-10.91%	17.54%	82.8%	-27.16%	-25.96%
2014 年	52.87%	35.62%	9.67%	12.83%	79.19%	89.68%
2015 年	9.41%	14.98%	53.7	84.41%	39.43%	42.55%
2016 年	-12.31%	-19.64%	-22.89%	-27.71%	31.24%	35.54%
2017 年	6.56%	8.48%	16.73%	-10.67%	99.78%	103.29%
2018 年	-24.59%	-34.42%	-37.75%	-28.65%	-15.47%	-12.45%
2019 年	22.3%	44.08%	19.75%	43.79%	168.22%	183.46%
复合增速	-2.99%	-6.84%	-1.98%	1.19%	28.7%	32.42%

数据来源：个人账户和新浪股票。

我拥有的生意

在我的眼里，股票不是一张张被炒来炒去的纸片，而是生意的股权。每一只股票背后都有一家实实在在的公司，而这家公司的内在价值一定是由其持续盈利能力和账面资产决定的。巴菲特认为："一家公司的内在价值相当于其存续期内现金流折现的总和。"但查理·芒格告诉我们："沃伦真的没算过那个东西。"我习惯用"估值的标尺"测量很多生意："一家公司的内在价值相当于这家公司未来十年为股东创造的税后净利润总和。"

我拥有很多非常棒的生意，让我描述一下这些生意吧！

卖掉五粮液

我很清楚自己本可以不卖掉五粮液的股票。这家公司 2019 年的净利润大概率会突破 170 亿元，如果未来 10 年净利润保持 15% ~16% 的复合增速，五粮液 2019 年末的内在价值在 4000 亿至 4200 亿元，对应股价为 103 ~108 元。即使按我年初最保守估计，100 元附近的五粮液也是物有所值的。2020 年五粮液每股的内在价值可能会提升 20% 左右，到 125 ~130 元。

但我还是选择卖光了五粮液的股票，即使清楚地知道，曾经低估的钟摆不可能在内在价值的正中间停下来。但我以前真的没有赚过那么多钱，希望"落袋为安"的心情也是可以理解的。更何况，我还持有更棒的茅台生意。

持有茅台

2020 年新年开市第一天，茅台的股价因为前一天公告的

2019 年业绩数据不及预期而暴跌 4.48%，成交量为 166.97 亿元，创了历史新高。但我认为一切都很健康。我不希望茅台股价被市场过分低估，也不希望股价过高。因为我并不打算卖掉这个生意。茅台酒的生意是中国最好的生意模式，具有长长的坡和厚厚的雪。2019 年末茅台的仓位占我总持仓的 33.69%，比 2018 年末的 35.5% 仅下降了 1.81 个百分点。

我从 2013 年开始持有茅台的股票，买入的成本真的记不得了，大概应该相当于现在的 80 元左右。对茅台的投资是我投资生涯中最重要的一次狙击，我希望在未来的 10 年乃至 20 年中再抓住那么几次大机会，用合理的价格买进优质公司的股票，然后长久地拥有它们。

又是万科

老谭前几天笑话我："马总玩来玩去，总是那老三样。"是的，我就是一个非常保守的人，不敢轻易扩大自己的能力圈。虽然长期跟踪了近 400 家公司的财务数据，但我知道自己更了解万科。所有的本钱都是我自己辛辛苦苦赚回来的，必须学会尊重它们。虽然市场对房地产开发公司存在偏见，虽然中国新增人口总数 530 万人和城镇新增人口总数 1790 万人均创了 10 年数据新低（2018 年数据）。但我依然认为，卖房子是现今中国非常好的生意模式。

我没有看见哪一家房地产企业赊出应收款给客户买房。在喜马拉雅《马喆朋友圈》，我阐述了买进万科 A 股票的逻辑："经济低迷 + 股票低估值 + 万科稳健的财务数据"。我大概在 13.3 元附近买进保利地产，并在三季报后将大部分仓位转移到万科 A，万科 A 的成本大概在 26.6 元附近。我买进了很多万科 A 的股票，2019 年末占总持仓的 30.52%。年末收盘的 32.18 元对应 3637.03 亿元市值。我估计 2019 年万科的真实税后盈利在 460 亿至 480 亿元，相当于我持有成本的 6.5 倍市盈率。

万科是一家制作财报数据非常收敛的公司，从利息资本化比例就可以看出万科的保守。2018 年万科有息负债合计 2472.18 亿元，融资平均成本为 5.71%。这意味着万科在 2018 年的所有负债需要支付 141.16 亿元利息。万科将其中 81.52 亿元计入了利润表的财务费用，余下 59.64 亿元做了利息资本化处理。利息资本化比例越高，意味着未来 1 ~ 2 年毛利润空间越小。对比一下香港内房股中国恒大，2018 年末有息负债总计 6731.42 亿元，全年平均融资成本为 8.18%，当年需要支付利息总计 550 亿元中有 499.35 亿元做了利息资本化处理。

我判断未来两年，中国房地产市场很可能会出现分化。一二线城市人口更多且经济更繁荣，之前被压制的消费需求会被慢慢释放，而 2016 年后房价暴涨但人口流出的三四五线城市显然酝酿着较大调整风险，集中于一二线城市布局的万科和保利地产很可能受益于这种分化。

打卡腾讯

我很喜欢腾讯公司，它同样拥有宽广的护城河。但之前的高估值一直让我望而却步，在 2014 年的投资总结中，我表达了没有拥有腾讯股票的遗憾。2018 年，我尝试着在 300 元附近买进了一些股票，2019 年卖掉五粮液后又在 330 元附近买进了更多股票。

2019年末，腾讯的股票大概占我总持仓的19.64%。能够以合理价格拥有了这家公司的股票，应该感谢谁呢？首先要感谢一下抖音，这家进取的互联网新锐给了腾讯广告业务巨大压力，更让市场对腾讯有了更多的顾虑，让我可以用相对合理的价格买进股票。其次应该感谢腾讯的毛利率持续下降，这让市场看错了腾讯的商业前景。我们只有在市场犯错误的时候才能迎来机会。

我一直认为："事情没有人们想得那么好，也没有人们想得那么坏。"这些年，我赚的很多钱都是因为市场把有些很好的生意突然想得太坏了。在2019年三季报中，腾讯公司披露微信活跃客户达到11.51亿，几乎所有人都在使用微信。人们用微信处理公司业务，用微信联络家人间的感情，用微信找到失散20年的老同学，用微信消费购物……微信把整个华人世界都联系在了一起。

腾讯公司用微信修筑了一条垄断的社交高速公路，其商业变现的游戏增值业务和商业广告业务不过是高速公路上修建的两个收费站而已。抖音的短视频会冲击广告收费站的收入，但对整个高速公路构不成太大威胁。

我相信，腾讯公司会扩建好每一个收费站，让它们的流量更高、效益更好。我也相信，腾讯公司还会建设出新的收费站。让我们拭目以待！只要中国社交的信息高速公路只有一条，真的没有什么可担心的！

洋河的错误

我拥有9.76%仓位的洋河股票，成本在118～119元之间。那是我卖出了五粮液后买进的。真是卖出了鲜花买进了……我承认自己犯了一个错误。但洋河还是一家很不错的企业，虽然2019年的销售状况让我有点措手不及，但我还是相信这家公司完全有能力解决眼前的困难。我愿意相信洋河的管理层，给他们一些时间吧！

如何看待杠杆

我在2018年开始使用了一些杠杆，可能是因为贪婪吧。2018年末，我的总市值中每3元钱有1元钱借款，2019年下降到每10元钱有1元钱借款。做生意时，我非常讨厌借钱，但现在还是向券商借了一些钱。虽然我永远不会遭遇2015年配资爆仓的人们那样尴尬的处境，但如果市场掉头向下，我一定会承受很多不应该有的损失。所以，我总是提醒自己要谨慎对待杠杆。这个世界钱有得是，我们没有必要去拿太危险的钱。

我为什么要把赚钱的秘密说出来

朋友问我："你为什么要把赚钱的秘密告诉别人，自己偷偷地赚钱不是更好吗？"

也一定有太多的人曾问过沃伦·巴菲特同样的问题。想想，如果没有奥马哈先知照出的光亮，我的眼前现在都将是一片黑暗。我可能关掉了经营不下去的公司，在家里赋闲数年后重新找一份当电工的工作，把自己上大学时学的无线电知识利用起来。这样的生活对于我来说将会是一种挣扎，我可能会在贫穷中垂垂终老，然后带着一肚子的牢骚和委屈离开这个世界。我为自己不能给家人带来更好的生活感到惭愧，为自己荒度此生而懊恼。

沃伦·巴菲特和查理·芒格改变了我的此生。我可以把我的优势利用起来，用逻辑和常识从一张张跳动的股票中找出商业机会。实现财务自由的重要性并不体现在享受奢华，而是可以自由地选择生活方式。和喜欢的人在一起，做自己喜欢的事情。追逐自由是人类的本性，但摆脱生活的煎熬去自由地呼吸真的不是每一个人都能拥有的幸运。我遇到了我的幸运，奥马哈的那两个可爱的老头教授给我赚钱的方法，告诉我做人的道理，他们像灯塔一样照射着我前行的道路，他们像大山一样厚重。

在我的心中，他们像从未谋面的父亲。我可以给我爱的家人更舒适的生活，给我的孩子带来骄傲的故事。这个世界在我眼中不再灰暗，而是充满着爱和温暖。我已经赚了很多钱，未来还会赚更多钱。但沃伦·巴菲特和查理·芒格没有收过我一分钱。他们给了我这么多，我竟无以回报。我只能捡起他们的一点点光芒，照亮其他人前行的道路。

2009—2019年，上证指数从3277.14点下跌到3050.12点，深圳成指从13699.72点下跌到10430.77点。这两组数据意味着，在过去十年如果把中国股市看成一个整体，投资者平均是亏损的。上市公司不足10%的净资产收益率和人们在二级市场需要付出的溢价是赔钱的最根本原因。股票交易还必须缴纳税费，在过去的十年，二级市场的总交易额在1870万亿元左右，需要缴纳2万亿元以上的券商佣金和印花税，这自然让本已负收益的平均数值继续下移。那些不诚实的上市公司和操纵股票的一哥一姐们更是让投资者的困境雪上加霜。

有太多的投资者被股票市场的暴风雪吞没。生活对他们而言，真的不是一种希望而是痛苦和煎熬。奥马哈先知绘制了一份准确的路线图，我看到了、了解了，我需要告诉想要知道的人们，用以回报沃伦·巴菲特和查理·芒格给我的一切。

少宇告诉我：老刘2019年12月31日账户净值是1031924.66元。那是2011年5月份我帮老刘买进10万元股票的投资结果。2019年中，我将此账户的管理权转交给我信任的少宇。少宇还跟我说："刘叔计划春节前取出30万元，用于老两口旅游并给他儿子买一辆车。"我想，老刘的儿子一定会非常感激他的老父亲。

我也会经常收到这样的私信：

马总，为什么你愿意告诉大家机会呢？不是有句古话叫无利不起早吗？别人有赚钱的机会根本不会告诉别人，甚至亲人。我没有恶意，只是不明白，望回复，谢谢。

感谢马总对价值投资的传播，让我们这些平凡的人少走弯路，因为你对估值的量化让我们投资有了标尺。

马总很高兴认识您！首先自我介绍一下，我是1999年入市的老股民了，一直到2012年末亏得还是一塌糊涂，在股市上几乎把所有的弯路都走了。

马老师，感恩您的分享。去年底听您关于五粮液的分析，买了50%仓位，至今未卖出。我是一个来自浙江农村的女生，过去15年在工作上认真负责，已在杭州立足。未来在投资上努力学习，希望能改善家人的生活。谢谢马老师，祝平安健康。

这个世界不是杂乱无章的，而是有逻辑和天理的。那是因为：**人类这个物种短期可能是理性的，也可能是非理性的，但长期一定是理性的。**不然人类不可能繁衍到今天。我们总是会理性地选择最有利于自己的方式，不管是一个人、一家公司甚至一个国家。

沃伦·巴菲特和查理·芒格用几十年证明：人类基因中的这

种理性在证券市场是存在的。我用自己走过的十年投资旅程证明这种理性在中国股票市场同样是存在的。未来在我眼中不再是未知，而是充满了一片光明。我们也不会像 19 世纪西进的美国人一样忐忑不安地踏上征程，而是内心平静地欣赏路上的风景，那是因为我们兜里揣着一份正确的路线图。

附录六：做多中国之我的故事

故事的开始

2004 年，我没有被要求去参加公司在北京郊外的春节年会，几个工作日都是一个人孤独地守在空荡荡的办公室里。我的辞职报告刚刚获得公司领导的批准，我就要离开这家已经工作 12 年的央企了。若干年后，我还会经常在梦里梦到无法参加那次年会的遗憾和当时的寂寞，搞不清楚是同事们离开了我还是我抛弃了他们。应该说，这家公司没有任何对不起我的地方，它培养了我，给了我职务和住房，让我过上有尊严的生活。但我还是选择了离开，这可能源于一个 35 岁年轻人的一颗躁动的心。

我的故事也从此开始。

企业主精神

我一直都有一种企业主精神，我尊敬那些辛勤工作的私营企业老板们。在这种情怀的鼓舞下，我创办了自己的手机代理公司。招聘员工并培训团队，建立稳定可靠的手机供应商渠道和完善的销售网络，制定内部行之有效的管理制度……诸多工作均需要我和同事们一步步地完成。这里面唯一不能逃避任何责任的就是我一个人，因为我是公司的老板和出资人。我要为这家公司的最终利润表负责，要为几十名员工的工作负责，要为这家公司的生死负责，我更要为自己的家庭负责。我深知自己肩上的责任之重，但那是我应该承担的，也是一名企业主必须承担的。

我运营整整七年的公司在财务上是非常健康的，我退出生意时，结清了所有供应商的货款和全省经销商的渠道价保款，更没有拖欠一名员工一分钱工资。至今都让我自豪的是，我建立的团队在当地是最棒的。那些在公司工作了七年的年轻人刚刚加入公司时只有20出头，他们和我一起憧憬美好的未来，但我却经受了更多市场的磨炼。到我决定关闭这家公司时，这些曾经稚嫩的孩子们也都已步入而立之年。他们为这家公司工作仅仅得到了承诺的薪金，他们是无可挑剔的，是我人生路上的一段美好的回忆。我很遗憾没能带领这些年轻人走得更远，这源于手机生意的艰难，那份不易是我担任央企副总经理时无法想象的。

查理·芒格曾经说："每一个在自由市场经济中存活的企业主都非等闲之辈，他们不得不防止企业出现任何浪费的行为，因为这是生死攸关的事情，毕竟，每一家企业都要靠竞争性价格和总成本的差价来维持生存。"那七年的私企老板经历让我深深地体会到了千千万万企业主的不易。我至今都记得，当年站在深圳华强北的主楼前，看着人们一个个忙忙碌碌进出大楼的画面，我想那些人中一定有不少是到深圳淘金的年轻企业主。他们来自各个城市，背景不同，生活经历不同，受教育程度不同，但他们都心怀理想面对这个世界，他们是乐观向上的生意人！

多年的国企领导岗位锤炼让我运营起一家更小的私营企业游刃有余，但公司依然无法摆脱整个手机行业毛利率低下的困境。我慢慢知道了，个人的力量在商业模式面前确实不值一提。无论我们的团队有多么优秀，公司依然很难获得超额收益。我们七年工作获得的财务平均年收益率在10%左右，每一分钱都显得来之不易。而那七年正是北京房价直线飙升的时间段，我们的手机生意只能用1元钱资本金赚回来1元钱利润，而选择在北京买房可以将1元钱变成6～7元钱。如果使用财务杠杆，收益率还会更高。

我曾经和朋友们开玩笑："你见过身边的人中了大彩票吗？妒忌可能会让人发狂的。但我见过的是身边所有的人都中了大彩票，唯独没有我。"回忆起当年的窘迫，我竟然顾不上妒忌了，这并不是因为我有多么高尚，而是巨大的落差让我已经忘记了普通人应有的妒忌。没有人会在意我这样一个"中年失败者"的失落。亲戚朋友们会用同情但不信任的眼光看着我，他们心里可能会说："看看那个开公司的倒霉家伙，怎么混成这个惨样？"我不再是母亲心中的骄傲，老人家会一遍一遍地叨唠着："看看，我不让你辞职，你还是辞了；不让你卖房，你还是卖了；我让你去再买房，你却不听，你太不听话了。"那时的我被这个世界搞蒙了，我感觉有些读不懂这个世界了。

我一遍遍地回忆我辞职开公司的经历，希望找到我到底错在哪里。冷静下来，我知道自己并没有做错什么，而且我也必须接受所有的结果，因为那是我为自己选择创业付出的代价。

其实，我根本没有太多的时间去羡慕那些在北京拥有多套住房的人们，我还有更多的烦恼，那些烦恼也是我逃不掉的责任。2008年那段时间，我常常失眠，一个人在北京静静的深夜里想："我那家公司还能活多久，我靠什么去养活熟睡中的妻儿？"就在我似乎不再可能找到生活的方向时，就在我似乎对这个世界开始绝望时，奥马哈那个可爱的老头点亮了我的眼睛。沃伦·巴菲特的故事深深地吸引了我，我突然发现还有一种完全不同的赚钱方法，我可以把手机生意的资金收回来，去投入到净资产收益率更高的生意里。投资的本质也是生意啊！

股票不是一张张被炒来炒去的纸片而是生意的一部分权益。不管是独立运营自己的公司，还是把资金投入到资本市场，我都是一个和这个国家的命运息息相关的生意人，我和那些只会买三居室的人们有着本质的不同。我依然可以通过投资优秀的生意继续赚钱养家，我还会创造更大的社会财富。

我从不相信那些囤房者能给这个国家真正带来什么，而我们这些生意人为国家缴纳税收；为无数的普通家庭创造工作机会，自己却承担了全部的风险。千千万万的企业主默默无声地工作着，我们对这个国家的爱是安静而又深沉的。和因为经营不善破产甚至走上了绝路的商人相比，我那几年的失落真的算不了什么。

巴菲特的价值投资思想带给了我新的力量，让已然步入中年的我重新焕发出青春。我可能在短短的几分钟内就接受了价值投资的思想，而之前近 20 年的工作经历竟然是为我人生最终的职业做准备。

后面的故事，有些朋友就都知道了。我 2010 年初正式开始了投资生涯，关掉公司回到家里，从一个私营企业的老板变成了职业投资人。很多不看好我的亲朋好友认为我又犯了更严重的错误，他们好心地劝我回头："你早晚会毁在股票里。"而我知道，我从来都没有回过头，因为企业主精神一直根植在我心中，我和其他的商人们一直在推动着整个社会的繁荣和进步，我一直在从事着最有意义的工作。

十年的投资生涯

至 2019 年底，我拥有了十年的投资生涯。应该说，整个投资过程的艰辛远远超过正常人的想象。2013 年，市场疯炒题材股，创业板当年暴涨 82.8%，我持有的万科 A 和茅台连续下跌了 13 个月。我投资了中国最好的公司，而市场竟残忍地让我四年多颗粒无收。

之前七年手机生意的低回报和随后四年投资生涯的不赚钱，已然让我疲惫。但内心深处永远都有一种信念支撑着我，那就是我对家庭的责任和对国家的信心。我想，如果一个国家永远用这种残忍的方式回报心怀理想的企业主，那么这个国家是没有前途和希望的，我相信中国是伟大的。我知道，我的家人不能没有我的肩膀，我的国家也不可能抛弃我。

即使这样，我也明白自己绝对不能犯任何错误。只要我卖出万科和茅台的股票，我的一生就彻底完了，那绝不是我的风格。我曾经坚持长跑 730 天，曾经彻底戒掉十几年的烟瘾，没有什么可以真正战胜我。我唯一要做的，就是耐心地等待。

当然，我不会幼稚到只用理想给自己鼓劲，我是实实在在的生意人。我知道万科和茅台的生意是什么，那是远比我的手机生意棒得多的生意，这两家公司强劲的财务数据让我从不相信自己会成为失败者。这十年间，虽然投资过程的艰辛远超想象，但投资结果同样让人鼓舞，更让我难以相信。在 2010 年初，我决定开始投资生涯时，曾将十年四倍作为自己追逐的目标，那相当于每年 15% 的复利收益率或 20% 的单利收益率。

我知道，那是优秀基金经理的收益率标准。我因为经历了七年低收益率的手机生意，早已放弃了不切实际的暴富幻想。我知道，日子要一天一天地过，钱要一点一点地赚。虽然谁也无法避免犯错误，但我尽量在投资之前把更多的风险考虑进去，用保守主义思想去估量投资决策。应该说，这十年干得非常棒！这个国家也在我经历了足够的磨难之后奖励了我。如果不出意外，我将收获十年超过十倍的收益。

我的人生价值

投资真是一件无比美妙的事情，不光因为我喜欢投资，更因为那确实可以赚到很多钱。我这个年纪的生意人早已习惯了节俭的生活，不会因为虚荣心而选择奢华的生活方式，但金钱对于我的意义却是实实在在的。它让家庭的财务状况显得更加安全，让陪伴我的家人可以过上相对舒适的生活。足够多的金钱还可以让我自由地选择自己的生活方式，不用朝九晚五地打卡上下班，累了就休息一会儿。读书、看报表、散步、旅游看风景，做喜欢做的事情，和喜欢的人在一起。不依附于机构，不用去讨好任何人。这不是每个人都能拥有的幸运，而是我用自己的投资能力换来的记分牌。

我天生就和炒股票的投机者们有着本质的不同，我用生意的方式思考投资，但我本人确实是在 40 岁才明白这里面看似简单的道理。我知道价值投资已经赋予我无尽的力量，我将受益终生。

曾经有朋友问我："马总，您天天在家鼓捣那些股票，真的很有意思吗？"是的，我在电脑里的一堆堆财务数字中寻找财富。我会找出最好的商业模式，重仓买入并长期持有那些生意。是奥马哈的两位先知告诉我赚钱的秘密，我也很愿意把我学到的知识分享给朋友们。从 2013 年至今，我在新浪博客和雪球网上发表了近 1800 篇文章。2018 年，我在喜马拉雅录制了音频节目《马喆朋友圈》，至今已录制了 110 期节目，收听总量超过 150 万人次。

我并不想成为什么名人，我只想通过自己的故事告诉更多的年轻朋友们，还有一种干干净净的赚钱方法，还有一种安安静静的生活方式，让我们可以自由地呼吸，选择自己喜欢的生活方式。我更愿意把自己对企业主精神的理解分享给朋友们，一个国家的伟大离不开商业的繁荣，而中国的美好未来依靠千千万万私营企业老板和股票投资者的企业主精神来推动。

中华民族是一个拥有几千年历史的伟大民族，曾在巨大压力下展现出超乎寻常的忍耐力。每每想起那张徐州会战的老照片，我就会止不住热泪盈眶。一名年轻的中国士兵，平静地看着战友在自己的身上捆绑着手榴弹。在他稚嫩的脸上没有一丝恐惧，甚至看不到赴死前的激昂，他是那样坦然地选择死亡。我想，这位年轻的军人当时可能什么都没想，他只是想尽快炸掉对面那辆日军坦克。他不能再让那辆坦克去射杀自己的战友，他要用自己的生命换下那辆坦克！

我知道，未来的投资旅程也不可能是一帆风顺的。但我面对的狂风暴雨、礁石巨浪和那位年轻赴死的中国军人比起来真的算不了什么。没有任何困难能够阻挡住我，每一次磨炼都只会让我更加强大。我爱中国，用自己所有的财富投资中国，用我的行动做多中国。

致　谢

我首先要感谢我的父亲和母亲！他（她）们生育了、养育了我，让我接受了良好的教育。我的父母都是普通的知识分子，一生非常平凡，并没有做什么惊天动地的事情。但父母与人为善和从不做坏事的简单人生让子女们看在眼里，记在心上，也很自然地影响了我和妹妹的一生。即使在我们幼时那艰苦的岁月，我的父母也不会向别人借一分钱，他（她）们总觉得向别人伸手是一件非常羞耻的事情。

我自己做生意的七年，没有欠过员工、供应商和客户一分钱。虽然那是很不值得一提的事情，但在当今商业社会又是那样稀缺。不能不说，那来自父母教给我的自尊、自立和自强。

我还要感谢我的岳父、岳母！他（她）们和我的父母一样，都是非常善良的知识分子。在我们相处的 20 多年里，他（她）们总是与人为善、与世无争。岳父、岳母从来不要求子女为自己做什么，这些年来，他（她）们为我们做了很多。写作和照顾家人是岳父生活的全部，他爱读书，更爱自己写书。看到我写的书出版，岳父一定是最高兴的那个人！

我特别要感谢我的妻子！她是一个性格温顺的女人。不知不觉，我们已经相识相知、相亲相爱了 25 年。从来没有任何事情会成为我们婚姻和家庭的问题，这不得不感谢妻子对我的包容。我不是一个很有生活情趣的人，也不是一个大富大贵的人，但我的妻子给了我一个温暖的家庭，并且陪伴我度过了那些艰难的岁月。

我要感谢我的妹妹！我们兄妹相处近50年来，我从不记得妹妹做过任何对不起我的事情，她竟然从未和自己的哥哥红过脸、吵过架。她照顾父亲、母亲，也照顾我。我们虽然拥有各自不同的事业和独立的家庭，但和妹妹的感情是我心里最温暖的亲情！

我要感谢我的儿子！他是上帝送给我此生最珍贵的礼物。儿子现在已经从一个牙牙学语的小宝宝长成了阳光、帅气的大男孩。每每回忆起儿子成长中的片段，都是我和妻子最幸福的时刻。他阳光、自信、乐观向上。他比我更喜欢交朋友，也比我更善于与人沟通。他篮球打得特别棒！我不知道在儿子眼中，他的父亲是怎么样的一个人。但《估值的标尺》一定会让儿子为他的父亲而骄傲！

我要借此书感谢在我生意和投资最艰难的那几年里帮助过我的朋友们！他们真心地关心我、帮助我，让我在当时感到这个世界还没有忘记我。他们和爱我的家人一起支撑着我。衷心地感谢：刘文女士、单昭先生、刘英维先生、李社利先生、郑前进先生、李峥先生、李少宇先生、单晓先生、王葵先生、董宝珍先生。

2020年，新冠肺炎疫情突发，在美国留学的儿子成为我最大的牵挂。3月13日学校被迫停课后，万里之外的儿子让我寝食难安。在我们最需要帮助的时候，任健、袁红霞一家伸出了双手。他们把我的儿子接到家里，无微不至地照顾了近70天。他们不光让我的儿子远离了被病毒感染的风险，更给他带来了家的温暖。我衷心地感谢任健和袁红霞夫妇！还有他们的两个儿子非凡和小牛牛！愿上帝保佑这善良的一家人！

致　谢

我要感谢杨天南先生和黄凡先生为《估值的标尺》一书写推荐序。我从来没把自己看成金融圈的人，我不喜欢私募圈的名利场，也不喜欢和那些自以为是的私募基金经理在一起。在写作本书前，我和杨天南先生很少见面，更没有机会当面认识黄凡先生，但我喜欢和他们交流。他们低调、内敛、有修养，我从他们的眼中看到的不是追逐金钱的贪婪而是知性和理性。我们本来就是同类人。

我要感谢本书所有的读者！感谢喜马拉雅和新浪微博支持我的朋友们！

出生在 20 世纪 60 年代末和 70 年代初的中国人应该是这个国家最幸运的一代人。我们没有经历过祖辈和父辈经历的战争和饥荒，即便儿时过了几天贫穷的日子，也是天很蓝、水很清。无论早上和晚上，尽是祥和和安静。伟大的邓小平带领中国人勇敢地拥抱了市场经济，让我们这一代人得以搭上中国经济腾飞的顺风车，更让我这个性格孤僻的人找到了自己喜欢的事业。如果没有股票市场，我真的不知道自己会从事什么样的工作，我到哪里摆弄那堆数字，又到哪里去卖弄历史知识？我要感谢这个时代！

我最后要感谢伟大的沃伦·巴菲特和查理·芒格。我后半生的一切都是他们赐予的，沃伦·巴菲特和查理·芒格是我从未谋面的导师，他们像父亲一样在我心中，像大山一样深重。他们不仅教会了我干干净净的赚钱方法，更影响了我后半生的价值观。让我得以自由呼吸的同时，还拥有了更加健康、独立的人格。

让我用此书向伟大的沃伦·巴菲特和查理·芒格致敬吧！